Cartas (I)

Conheça nossos clubes

Conheça nosso site

@ @editoraquadrante
♪ @editoraquadrante
▶ @quadranteeditora
f Quadrante

Copyright © 2023 Fundación Studium

Capa
Gabriela Haeitmann

Dados Internacionais de Catalogação na Publicação (CIP)

Escrivá, Josemaria
Cartas (I) / Josemaria Escrivá — 1ª ed. — São Paulo: Quadrante Editora, 2023.

ISBN: 978-85-7465-512-3

1. Cartas e Memórias I. Título

CDD—252

Índices para catálogo sistemático:
1. Cartas : Memórias : Cristianismo 252

Todos os direitos reservados a
QUADRANTE EDITORA
Rua Bernardo da Veiga, 47 - Tel.: 3873-2270
CEP 01252-020 - São Paulo - SP
www.quadrante.com.br / atendimento@quadrante.com.br

Cartas (I)

JOSEMARIA ESCRIVÁ

Sumário

O AUTOR — 7

PREFÁCIO — 11

NOTA DO EDITOR — 17

CARTA 1 — 25

CARTA 2 — 53

CARTA 3 — 125

CARTA 4 — 231

ÍNDICE DE TEXTOS DA SAGRADA ESCRITURA — 271

ÍNDICE TEMÁTICO — 277

GLOSSÁRIO — 283

O AUTOR

São Josemaria Escrivá nasceu em Barbastro (Espanha), no dia 9 de janeiro de 1902. Em 1918 começou os estudos eclesiásticos no Seminário de Logroño, prosseguindo-os depois no de São Francisco de Paula, em Saragoça. Entre 1923 e 1927 estudou também Direito Civil na Universidade de Saragoça. Recebeu a ordenação sacerdotal em 25 de março de 1925. Iniciou o seu ministério sacerdotal na paróquia de Perdiguera, continuando-o depois em Saragoça.

Na primavera de 1927 mudou-se para Madri, onde realizou um infatigável trabalho sacerdotal em todos os ambientes, dedicando também a sua atenção aos pobres e desvalidos dos bairros mais distantes, especialmente doentes incuráveis e moribundos dos hospitais. Aceitou o cargo de capelão do Patronato dos Enfermos, trabalho assistencial das Damas Apostólicas do Sagrado Coração, e foi professor em uma academia universitária, enquanto fazia o doutorado em Direito Civil.

No dia 2 de outubro de 1928, o Senhor fez-lhe ver o Opus Dei (Obra de Deus). Em 14 de fevereiro de 1930 compreendeu — por inspiração divina —

que devia estender o apostolado do Opus Dei também às mulheres. Abria-se assim na Igreja um caminho novo, destinado a promover entre pessoas de todas as classes sociais a busca da santidade e o exercício do apostolado, mediante a santificação do trabalho de cada dia no meio do mundo. No dia 14 de fevereiro de 1943, fundou a Sociedade Sacerdotal da Santa Cruz, inseparavelmente unida ao Opus Dei. Além de permitir a ordenação sacerdotal de membros leigos do Opus Dei e a sua incardinação a serviço da Obra, a Sociedade Sacerdotal da Santa Cruz viria a permitir mais tarde que os sacerdotes incardinados nas dioceses pudessem participar do espírito e da ascética do Opus Dei, buscando a santidade no exercício dos seus deveres ministeriais, em dependência exclusiva do seu respectivo Bispo. O Opus Dei foi erigido em Prelazia pessoal por São João Paulo II no dia 28 de novembro de 1982: era a forma jurídica prevista e desejada por São Josemaria Escrivá.

Em 1946 monsenhor Escrivá passou a residir em Roma, onde permaneceu até o fim da vida. Dali estimulou e orientou a difusão do Opus Dei por todo o mundo, dedicando-se a dar aos homens e mulheres da Obra e a muitas outras pessoas uma sólida formação doutrinal, ascética a apostólica. Por ocasião da sua morte, o Opus Dei contava mais de 60 mil membros de oitenta nacionalidades.

O AUTOR

São Josemaria Escrivá faleceu em 26 de junho de 1975. Havia anos, oferecia a Deus a sua vida pela Igreja e pelo Papa. Seu corpo repousa no altar da igreja prelatícia de Santa Maria da Paz, na sede central da Prelazia do Opus Dei. A fama de santidade que Fundador do Opus Dei já tinha em vida foi-se estendendo após a sua morte por todos os cantos do mundo, como mostram os abundantes testemunhos de favores espirituais e materiais que se atribuem à sua intercessão, entre eles algumas curas cientificamente inexplicáveis. São João Paulo II canonizou Josemaria Escrivá no dia 6 de outubro de 2002.

Entre seus escritos publicados contam-se, além do estudo teológico-jurídico *La Abadesa de Las Huelgas*, livros de espiritualidade traduzidos para numerosas línguas: *Caminho, Santo Rosário, É Cristo que passa, Amigos de Deus, Via Sacra, Sulco, Forja* e *Em diálogo com o Senhor*. Sob o título *Entrevistas com Mons. Josemaria Escrivá* publicaram-se também algumas entrevistas concedidas à imprensa. Uma ampla documentação sobre São Josemaria pode ser encontrada em www.escrivaworks.org.br, em www.opusdei.org e em www.josemariaescriva.info.

PREFÁCIO

O início da edição pública das *Cartas* que São Josemaria escreveu para os membros do Opus Dei é algo que me traz grande alegria. Mais de noventa anos se passaram desde aquele 2 de outubro de 1928, dia em que o Senhor o chamou para fundar a Obra. Nove décadas é muito tempo para a vida de uma pessoa. No entanto, isso não costuma acontecer em relação a uma instituição que Deus quis para a sua Igreja.

Em determinado momento, São Josemaria fez referência à historicidade própria de um carisma destinado a ser fecundo no transcurso do tempo:

"O cerne, a essência, o espírito permanecem inabaláveis, mas os modos de dizer e de fazer evoluem, sempre velhos e novos, sempre santos"[1]. Neste jogo de identidade e dinamismo, expressa-se também a fidelidade a um espírito que procura dar vida em todas as épocas. As *Cartas* que agora começam a ser publicadas constituem um valioso material para esta tarefa, pois, de alguma forma, aproximam-nos daquela data fundacional.

Durante os primeiros anos da década de 1930, São Josemaria esforçou-se por conciliar a sua dedicação à Obra, que dava os seus primeiros passos,

---
1 *Carta* 27, §56.

com o resto do seu trabalho pastoral e acadêmico e com a sua contribuição para o sustento da família. Sabemos que iniciar o Opus Dei não foi uma tarefa fácil: a mensagem que devia difundir — o apelo à santidade no meio do mundo, aproveitando as próprias situações do mundo — não era algo universalmente reconhecido naqueles anos 1920 e 1930; pelo contrário, era algo chocante para a mentalidade mais comum à época. Tratava-se de abrir aos homens "os caminhos divinos da terra", de mostrar que as nobres tarefas humanas podiam ser realizadas em comunhão com Deus, tornando-se também caminhos de santidade.

Num dia de abril de 1933, ele escreveu: "Meu Deus: como vês, anseio por viver só para a tua Obra, e dirigir espiritualmente toda a minha vida interior à formação dos meus filhos, com exercícios espirituais, palestras, meditações, cartas etc."[2]. O fundador utilizou a pregação oral e os escritos como forma de aprofundar e transmitir a mensagem de santidade na vida cotidiana. Entre os textos que foram preservados, destacam-se aqueles a que ele chamou *Instruções* e os que denominou *Cartas*: ambos reúnem considerações espirituais e práticas que explicam a natureza e os apostolados do Opus Dei[3].

---

2   *Apontamentos íntimos*, n. 1723.
3   Cf. José Luis Illanes, "Obra escrita y predicación de san Josemaria Escrivá de Balaguer", SetD 3 (2009), p. 218; *id.*, "Cartas (obra inédita)", in DJE, pp. 204-211; Luis Cano, "Instrucciones (obra inédita)", in *ibid.*, pp. 650-655.

PREFÁCIO

Agora vêm à luz as quatro primeiras *Cartas* pastorais, concebidas precisamente naqueles anos, em Madri, embora — como se explica neste estudo — tenham sido trabalhadas de modo definitivo em Roma, anos depois, quando adquiriram sua forma atual.

São Josemaria preparava uma possível edição das *Cartas* quando o Senhor o chamou para sua glória. Deixou instruções aos seus sucessores para que fossem divulgadas quando a prudência o aconselhasse. Meu antecessor, Mons. Javier Echevarría, tomou a decisão de iniciar o processo de publicação há quase dez anos. Agora, depois de uma série de trabalhos e estudos sobre todo o ciclo desses textos — um *corpus* de escritos inéditos que somam milhares de páginas —, foi possível iniciar a sua publicação, que se prolongará ao longo dos próximos anos. Esta obra faz parte da Coleção de Obras Completas de São Josemaria, em edição crítica anotada, confiada ao Instituto Histórico São Josemaria Escrivá, com sede em Roma.

As *Cartas* são expressamente dirigidas aos membros do Opus Dei, mas iluminam todo o itinerário da vida cristã, com especial referência às vicissitudes e valores da vida no mundo. Por isso, São Josemaria previu que, no momento oportuno, estariam acessíveis a todos os interessados em conhecer e viver a mensagem da santidade em sua própria existência.

Estes textos desenvolvem amplamente os elementos fundamentais do espírito do Opus Dei, que já haviam sido enunciados, com estilo diferente, nas *Considerações espirituais* e em *Caminho*, publicados entre 1932 e 1939. E de todos eles, em maior ou menor medida, a depender dos casos, encontram-se ecos em suas pregações daqueles anos e dos seguintes. Nas quatro *Cartas* que agora se publicam, são tratados, com a força que caracterizou a pregação de São Josemaria, temas centrais da vocação universal à santidade e do apostolado na vida cotidiana, bem como de suas múltiplas implicações doutrinais e existenciais: a santificação do trabalho profissional, a vida de oração com aspiração a ser contemplativos no meio do mundo, a inspiração cristã das realidades sociais, a liberdade e a responsabilidade do cristão em suas ações temporais, o valor humano e cristão da amizade. Estes e outros tópicos surgem arraigados nos aspectos mais profundos e perenes da vida cristã: a filiação divina, a união com Jesus Cristo na Eucaristia e na oração, a devoção a Maria Santíssima, a consciência da vocação recebida com o Batismo e reforçada pela prática sacramental, o amor à Igreja, com adesão filial ao Romano Pontífice e a todos os bispos em comunhão com ele.

Gostaria de agradecer aos membros do Instituto Histórico que prepararam cuidadosamente esta edição das quatro primeiras cartas, bem como aos

PREFÁCIO

que estão trabalhando na publicação das seguintes. Mais de uma vez, o leitor se comoverá com a leitura destes escritos, que nos dão a conhecer os pensamentos e desejos que ocupavam o coração e a mente de São Josemaria. O eco dos seus primeiros anos como fundador do Opus Dei se faz presente de modo vibrante nestas páginas. Algumas recordam as conversas que, desde o início, manteve com aqueles que dele se aproximavam: momentos que, em Roma, anos mais tarde, deram lugar a tertúlias nas quais ele ia passando de um tema a outro para dar luz a quem o ouvia, ou em que nos contava pormenores da história do Opus Dei. Recorro à sua intercessão para que nos ajude a aprofundar o amor a Deus, à Igreja e a cada pessoa.

Roma, 28 de novembro de 2019
Aniversário da ereção do Opus Dei
em Prelazia pessoal

Mons. FERNANDO OCÁRIZ
Prelado do Opus Dei

NOTA DO EDITOR

O presente volume reúne quatro das 38 *Cartas* que São Josemaria escreveu aos membros do Opus Dei a fim de expor de forma detalhada aspectos fundamentais do espírito, do apostolado e da história da instituição a que tinha dado vida, seguindo a luz fundacional de 2 de outubro de 1928.

Estes documentos fazem parte de um gênero literário particular de São Josemaria, diferente das cartas do seu epistolário, motivo pelo qual, ao designá-las, utilizou-se a palavra *Cartas* em itálico. Trata-se de um recurso semelhante ao que utilizaram autores, tanto da época clássica quanto da tradição eclesiástica, para expor um assunto de forma detalhada e minuciosa, dirigindo-se não a um destinatário específico, mas a um grupo amplo de pessoas e até mesmo universal.

O estilo desses documentos é familiar e direto. São Josemaria exprime-se com profundidade espiritual e intelectual, mas evitando formalismos e qualquer ar doutoral ou acadêmico. "Minhas *Cartas* — escreve numa delas — [...] são uma conversa de família, para lhes dar luz de Deus e [...]

para que conheçam alguns pormenores da nossa história interna"[1]. E alhures: "Minhas *Cartas* não são um tratado [...]. Eu também lhes diria agora que são *voluntariamente* desordenadas. Alguns conceitos que eu quero manter bem precisos e claros em suas inteligências e em suas vidas, repetirei mil vezes oralmente e por escrito. [...]. Não pensem que eu pretendo esgotar os temas que abordo. Não é esse o meu propósito"[2].

O tom é semelhante ao que ele usava nas reuniões com as pessoas da Obra. Não fala como um pensador que reflete especulativa e doutoralmente sobre uma realidade, mas como pai e fundador de uma obra à qual transmite uma mensagem destinada a se tornar vida.

A exposição não segue um esquema rígido e vai alternando registros: passa do comentário profundo de uma cena evangélica à descrição de um episódio exuberante; do tom exigente ao humorístico; de uma recordação do passado a projetos para o futuro, que ainda hoje se mostram atuais.

Qual é o tema destas *Cartas*? Em geral, elas abordam aspectos ou facetas do espírito do Opus Dei,

---

[1] *Carta* 13, § 13. Remetemos a esta *Carta*, bem como a outras que citaremos ao longo desta introdução, designando-as pelo número que têm na Coleção de Obras Completas de São Josemaria Escrivá. A lista completa, com uma breve descrição, encontra-se na introdução ao primeiro volume da edição crítica das *Cartas*: cf. JOSEMARIA ESCRIVÁ DE BALAGUER, *Cartas (I)*, Madri, Rialp, 2020, pp. 24-32.

[2] *Carta* 15, § 3.

NOTA DO EDITOR

tão variados como a santificação da vida cotidiana, a oração, a laicidade dos seus membros; e, em geral, tratam da missão específica desta instituição ao serviço da Igreja. Um conjunto destes escritos é dedicado ao aprofundamento de diferentes aspectos do apostolado próprio da Obra e de sua atividade evangelizadora em alguns campos, como a juventude, a educação ou a comunicação. Diversas *Cartas* falam do sacerdócio no Opus Dei ou desenvolvem temas relacionados à formação de seus membros: desde a sua preparação espiritual e doutrinal-religiosa até a fidelidade ao depósito da Revelação e ao Magistério eclesiástico.

Em várias delas predominam questões históricas, entremeadas com temas ascéticos e explicações sobre os traços fundamentais do espírito do Opus Dei, mencionando por vezes as dificuldades que marcaram o desenvolvimento da Obra.

Quando e como São Josemaria escreveu essas *Cartas*? Já na década de 1930 ele pensava nelas, como escreveu em seus *Apontamentos íntimos*[3].

---

3   Em 24 de abril de 1933, escreve em seus *Apontamentos íntimos*: "Meu Deus: vês que desejo viver só para a tua Obra, e no aspecto espiritual dirigir toda a minha vida interior à formação dos meus filhos, com exercícios espirituais, palestras, meditações, cartas etc." (*Apontamentos íntimos*, 24 de abril de 1933 [n. 989]). Dois meses depois, no final dos exercícios espirituais que realizou naquele ano, anota: "Propósito: concluído o trabalho de obtenção dos graus acadêmicos, lançar-me — com toda a preparação possível — a dar exercícios, palestras etc. àqueles que eu veja que podem ser adequados para o O., e a escrever meditações, cartas etc., para que perdurem as ideias semeadas naqueles exercícios e palestras e em conversas particulares" (*Apontamentos íntimos*, junho de 1933 [n. 1723]).

Sabe-se que, a partir desse momento, ele anotou e reuniu materiais que lhe serviriam para a redação das *Cartas,* entre outras finalidades. Ao longo de toda a sua vida, tomou notas das inspirações tiradas da sua oração e experiência pessoal, guardando-as para a sua meditação, para a pregação ou, eventualmente, para a redação de escritos. Esses materiais eram muito variados: frases incisivas, parágrafos longos relativamente elaborados, esquemas mais ou menos desenvolvidos, relatos de eventos históricos, roteiros ou esboços de meditações, talvez algum rascunho extenso...

Ele também pôde dispor das transcrições de meditações e palestras que as mulheres e os homens do Opus Dei tiveram o cuidado de recolher ao longo dos anos.

Com base nesse material, compôs as *Cartas* de que estamos tratando, auxiliado por algum secretário ou datilógrafo, num processo que conhecemos pouco, pois o conduziu pessoalmente. Além disso, ao revisar e refinar seus escritos, ele destruía as versões anteriores, de modo que não é possível saber muito sobre como trabalhou. Por meio de conjecturas e dos poucos dados documentais ou testemunhais que possuímos, podemos situar a maior parte dessa atividade final de redação entre meados dos anos 1950 e início dos anos 1970, mas não se pode excluir que

NOTA DO EDITOR

alguns documentos já estivessem muito adiantados anos antes.

Sabemos que São Josemaria indicou que eles fossem impressos a partir de 1963, mas que depois os corrigiu inúmeras vezes, mandando destruir as versões já impressas e até mesmo enviadas aos membros da Obra, com o que pedia-lhes que as substituíssem por uma nova edição. Trata-se de uma forma de proceder ditada pelo seu amor à perfeição nos pormenores e por seu desejo de deixar escritos definitivos, sem falhas nem ambiguidades.

Antes de morrer, ordenou a recolhida de quase todas as *Cartas*, a fim de as revisar minuciosamente outra vez e preparar uma edição definitiva. Ele conseguiu realizar esse trabalho entre 1974 e 1975, mas não teve tempo de as enviar para impressão antes de morrer. Depois de esclarecer várias questões cruciais, finalmente foi possível concluir uma edição crítica dos manuscritos originais das *Cartas* de número 1 a 4, na Coleção de Obras Completas, sob a responsabilidade do Instituto Histórico São Josemaria Escrivá. Os presentes textos foram tomados dessa edição crítica, juntamente com várias notas e outros elementos.

Embora o núcleo da redação possa datar de um período amplo e indeterminado, que vai dos anos 1930 aos anos 1970, a linguagem e a expressão foram muito retocadas por seu Autor entre o final dos anos 1950 e o início dos anos 1970, fato que é importante ter em mente[4].

Como São Josemaria quis que alguns destes documentos trouxessem uma data antiga, a qual pode ser eco da datação dos papéis que serviram de base à redação final ou da sua memória viva de todo o processo fundacional, é muito difícil — para não dizer impossível — distinguir que partes, ideias ou expressões vêm daquela data e quais são dos anos 1950-1970. São Josemaria quer deixar registrado que numa data determinada pregava a *substância* do que se recolhe nas *Cartas*, sem qualquer preocupação cronológica. O que lhe interessava como fundador era transmitir ensinamentos de valor perene, fruto de um amadurecimento atento à vontade divina e às mudanças impostas pela história. Talvez ele desejasse enfatizar que essa mensagem não era dele, mas que a havia recebido de Deus, do mesmo modo como se recebe uma semente que, com o tempo, se tornará uma árvore maravilhosa. Para Escrivá, o definitivo era esse plantio divino, o momento em que Deus tomara a iniciativa.

As primeiras *Cartas* impressas em 1963 foram traduzidas para o latim[5]. Até então, outros documentos

---

4   Para mais detalhes sobre este processo de criação, veja-se a introdução preparada por José Luis Illanes ao primeiro volume das *Cartas, op. cit.*, pp. 3-32.

5   Quiçá para acomodar-se às recomendações que João XXIII havia feito em 1962 sobre a preservação e o aprendizado desta língua, na Const. apost. *Veterum sapientiae*, de 22 de fevereiro de 1962 (AAS 54 [1962] 129-135). Nesse documento, destaca-se que o latim confere precisão e clareza à exposição das

NOTA DO EDITOR

semelhantes — como as *Instruções* — haviam sido editados em espanhol. São Josemaria indicou que dentro do âmbito do Opus Dei as *Cartas* poderiam ser designadas pelo seu *incipit* latino. Quando, depois de pouco tempo, mudou de opinião sobre a língua das *Cartas* e elas passaram a ser editadas apenas em espanhol, atribuiu-lhes um *incipit* latino também. Talvez o tenha feito por devoção e desejo de unidade com a Santa Sé, que ainda hoje costuma designar assim os seus documentos oficiais, mesmo se redigidos em outras línguas. Essa denominação, em todo caso, foi utilizada por pouco tempo e sempre no âmbito interno do Opus Dei.

Como nem a data colocada no final do documento nem o seu *incipit* latino são hoje funcionais para o tratamento destas *Cartas*, na Coleção de Obras Completas optou-se por designá-las por um número sequencial, acrescentando uma breve descrição do seu conteúdo. Nesta edição simplificada, seguimos essa numeração, acrescendo uma alusão ainda mais sucinta ao tema de que tratam, a fim de facilitar seu uso.

A clara intenção de São Josemaria nestas *Cartas* era transmitir a sua visão da vida cristã, ajudar os

---

verdades e é considerado "estável e imóvel", garantindo assim uma interpretação imutável, algo que condiz com o desejo de Escrivá de deixar em sua *Cartas* uma exposição do espírito do Opus Dei que fosse válida para sempre. Mais tarde, ele abandonou essa ideia por ser pouco prática, e as *Cartas* foram impressas em espanhol.

leitores, dar-lhes ideias claras, estimulá-los a uma maior fidelidade a Jesus Cristo e impulsioná-los a uma ação evangelizadora sem fronteiras, bem como explicar-lhes por que o Opus Dei é como é.

No caso específico deste primeiro volume, encontramos ensinamentos riquíssimos sobre múltiplos temas: desde a importância da humildade na vida espiritual até o espírito de serviço e a honradez com que os cristãos — e qualquer pessoa de boa vontade — devem agir na vida social. É surpreendente a modernidade de algumas de suas abordagens, como o espírito de diálogo e o amor à liberdade no relacionamento com os que não têm fé, ou o emocionante panorama de uma vida comprometida com a missão evangelizadora da Igreja, radicada na intimidade com Jesus Cristo e, ao mesmo tempo, num amor otimista pelo mundo e pelas atividades seculares.

CARTA 1

[Sobre a vida cotidiana como caminho para a santidade, também conhecida pelo *incipit Singuli dies*; tem a data de 24 de março de 1930 e foi impressa pela primeira vez em janeiro de 1966.]

Todos os dias, filhos queridíssimos, devem testemunhar nosso desejo de cumprir a missão divina que, por sua misericórdia, o Senhor nos confiou. O coração do Senhor é um coração de misericórdia, que se compadece dos homens e deles se aproxima. Nossa dedicação ao serviço das almas é uma manifestação dessa misericórdia do Senhor não só para conosco, mas para com toda a humanidade. Porque Ele nos chamou para nos santificarmos na vida corrente, cotidiana; e para que ensinemos aos outros — *providentes, non coacte, sed spontanee secundum Deum*[1], prudentemente, sem coação; espontaneamente, segundo a vontade de Deus — o caminho para que cada um se santifique em seu estado, no meio do mundo.

---
[1] *1 Pe* 5, 2 (Vg).

Jesus viu a multidão — narra-nos o Evangelho — e teve misericórdia dela[2]. Meus filhos, o Senhor tem os olhos e o coração voltados para a multidão, para todas as pessoas; e nós também, como Jesus: esta é a razão do chamado divino que recebemos.

A perfeição cristã é para todos

2   Devemos estar sempre voltados para a multidão, pois não há criatura humana que não amemos, que não procuremos ajudar e compreender. Interessamo-nos por todos, porque todos têm uma alma a salvar, porque podemos levar para todos, em nome de Deus, um convite a buscar no mundo a perfeição cristã, repetindo-lhes: *estote ergo vos perfecti, sicut et Pater vester caelestis perfectus est* [3]; sede perfeitos, como é o vosso Pai celestial.

Os mártires seguiram Cristo, mas não apenas eles, escreveu Santo Agostinho; e continuou com um estilo gráfico, mas barroco: *há no jardim do Senhor não apenas as rosas dos mártires, mas também os lírios das virgens, a hera dos casados e as violetas das viúvas. Queridíssimos, que ninguém se desespere da sua vocação: Cristo morreu por todos*[4].

---

2   *Mc* 6, 34.
3   *Mt* 5, 48
4   Santo Agostinho De Hipona, *Sermo* 304, 2 (PL 38, col. 1396).

CARTA 1

Com que força o Senhor fez ressoar essa verdade ao inspirar sua Obra! Viemos dizer, com a humildade de quem se sabe pecador e pouca coisa — *homo peccator sum*[5], dizemos com Pedro —, mas com a fé de quem se deixa guiar pela mão de Deus, que a santidade não é coisa para privilegiados: que o Senhor chama todos nós, que de todos espera Amor: de todos, onde quer que estejam; de todos, seja qual for seu estado, sua profissão ou seu ofício. Porque essa vida corrente, ordinária, sem aparência, pode ser um meio de santidade: não é necessário abandonar a própria condição no mundo para buscar a Deus se o Senhor não dá à alma uma vocação religiosa, pois todos os caminhos da terra podem ser ocasião de encontro com Cristo.

O nosso é um caminho com formas muito diversas de pensar o temporal — nos campos profissional, científico, político, econômico etc. —, com liberdade pessoal e com a consequente responsabilidade também pessoal, a qual ninguém pode atribuir à Igreja de Deus ou à Obra, e que cada um sabe suportar com valentia e sensatez. Por isso, a nossa diversidade não é um problema para a Obra: pelo contrário, é uma manifestação de bom espírito, de uma vida corporativa limpa, de respeito à legítima liberdade de cada um, porque *ubi autem Spiritus*

---

[5] Lc 5, 8.

*Domini, ibi libertas*⁶; onde está o Espírito do Senhor, aí há liberdade.

3   Gostaria que, ao considerar estas coisas na presença de Deus, vosso coração se enchesse de gratidão e, ao mesmo tempo, de fervor apostólico, de desejo de levar ao povo a notícia dessa caridade de Cristo. Não vos esqueçais: dar doutrina é a nossa grande missão.

Nisto consiste o grande apostolado da Obra: mostrar a essa multidão que nos espera qual é o caminho que leva direto a Deus. Por isso, meus filhos, deveis saber que sois chamados para essa tarefa divina de proclamar as misericórdias do Senhor: *misericordia Domini in aeternum cantabo*⁷, cantarei eternamente as misericórdias do Senhor.

Dar a conhecer essa chamada a todos os homens

4   Eu vos disse, desde o primeiro dia, que Deus não espera de nós coisas extraordinárias, singulares; e quer que levemos esta bendita chamada divina por todo o mundo e convidemos muitos a segui--la. Mas devemos fazer o nosso proselitismo⁸ com

---
6   2 Cor 3, 17.
7   Sl 89 [88], 2.
8   "*Proselitismo*": este termo, que durante séculos foi sinônimo de difusão do Evangelho, tem para São Josemaria um significado preciso, inspirado na

simplicidade, com o exemplo da nossa conduta: mostrando que muitos — se não todos — podem, com a graça de Deus, transformar a vida ordinária e corrente em caminho divino, da mesma forma como soubestes tornar divina a vossa vida, também corrente e ordinária.

Nosso modo de ser deve estar impregnado de naturalidade, para que possam ser aplicadas a nós aquelas palavras da Sagrada Escritura: *Havia um homem na terra de Hus chamado Jó, e ele era simples e reto, e amava a Deus, e se afastava do mal*[9]. Como esta simplicidade cristalina, que devemos procurar que exista em nós, não pode ser simploriedade — sem mistério nem segredo, dos quais não precisamos e nunca precisaremos —, lembrai-vos do que se lê no Eclesiástico: *non communices homini indocto, ne male de progenie tua loquatur*[10]; não fales das tuas coisas particulares com um homem ignorante, para que não fale mal da tua linhagem.

A missão sobrenatural que recebemos não nos leva a distinguir-nos e a separar-nos dos outros; leva-nos a unir-nos a todos, porque somos *iguais* aos outros cidadãos da nossa pátria. Somos, repito,

---

Escritura e na Tradição da Igreja: contagiar os outros com o amor a Jesus Cristo e com o desejo de se entregar ao seu serviço, com delicado respeito pela sua liberdade (N. do E.).

9   *Jó* 1, 1.
10   *Eclo* 8, 5.

iguais aos outros — não, *como* os outros — e temos em comum com eles as preocupações de cidadão, da profissão ou ofício que temos, das outras ocupações, do ambiente, da maneira externa de vestir e agir. Somos homens ou mulheres comuns, que em nada diferimos de nossos companheiros e colegas, daqueles que convivem conosco em nosso ambiente e em nossa condição.

Gosto de falar por parábolas e, mais de uma vez, comparei a nossa missão, seguindo o exemplo do Senhor, à do fermento que, de dentro da massa[11], fermenta-a até transformá-la em bom pão. Eu gostava, nas minhas temporadas de verão, quando menino, de ver o pão sendo feito. Naquela época, não pretendia tirar consequências sobrenaturais: interessava-me porque as empregadas me traziam *um galo*, feito com aquela massa. Agora me lembro com alegria de toda a cerimônia: era um verdadeiro ritual preparar bem o fermento — uma pelota de massa fermentada, proveniente da fornada anterior —, que se juntava à água e à farinha peneirada. Feita a mistura e amassada, cobriam-na com uma manta e, assim protegida, deixavam-na repousar até inchar a mais não poder. Depois, posta em pedaços no forno, saía aquele pão bom, vistoso, maravilhoso. Porque o fermento estava bem conservado e preparado, deixava-se desfazer — desaparecer — no

---
11   Cf. *Mt* 13, 33.

meio daquela quantidade, daquela *multidão*, que a ele devia a qualidade e a importância.

Que o nosso coração se encha de alegria pensando em ser isso: levedura que faz a massa fermentar. Nossa vida não é egoísta: trata-se de uma luta na linha de frente, de entrar na torrente da sociedade, passando despercebidos; e de chegar a todos os corações, fazendo em todos eles o grande trabalho de transformá-los em pão bom, que seja a paz — a alegria e a paz — de todas as famílias, de todos os povos: *iustitia, et pax, et gaudium in Spiritu Sancto*[12]; justiça, paz e gozo no Espírito Santo.

Mas, para ser fermento, é necessária uma condição: que passeis despercebidos. O fermento não tem efeito se não se mete na massa, se não se confunde com ela. Não me cansarei de vos repetir, meus filhos, que não deveis distinguir-vos de forma alguma dos outros; que vossa aspiração deve ser a de permanecer onde estávamos, sendo o que somos: cristãos comuns, pessoas que levam uma vida ordinária e simples.

Primeiros cristãos

Contemplando vossas vidas, parecem adquirir nova realidade as palavras que foram escritas nos primórdios do cristianismo: *os cristãos não se distinguem*

6

---

12   *Rm* 14, 17.

dos demais nem por sua terra, nem por sua fala, nem por seus costumes. Porque não vivem em cidades exclusivamente suas, nem falam uma língua estranha, nem levam um gênero de vida separado dos outros. Na verdade, a doutrina que vivem não foi inventada por eles, porém, vivendo em cidades gregas ou bárbaras, conforme o destino que coube a cada um, e adaptando-se ao vestuário, à alimentação e, em outros aspectos de vida, aos usos e costumes de cada país, manifestam um tom peculiar de conduta, admirável e, conforme todos confessam, surpreendente[13].

Mas, acima de tudo, tenhamos em mente o exemplo de Cristo: *tendo Jesus nascido em Belém de Judá, no reinado de Herodes, eis que alguns magos vieram do Oriente a Jerusalém, perguntando: onde está aquele que nasceu, rei dos judeus? Vimos sua estrela no Oriente e viemos com a intenção de adorá-lo. Ao ouvir isso, o rei Herodes ficou perturbado, e com ele toda a Jerusalém*[14].

Eles se assustam, surpreendem-se: não sabiam que o Salvador já estava entre eles. Um rei que passa despercebido; um rei que é Deus e passa despercebido. A lição de Jesus Cristo é a de que devemos conviver entre os outros de nossa condição social, de nossa profissão ou ofício, desconhecidos, como um entre muitos.

---

13   *Ad Diognetum*, 5, 1-4 (SC 33, p. 63).
14   *Mt* 2, 1-3.

Não desconhecidos por causa do nosso trabalho, nem desconhecidos porque não vos destacais por vossos talentos; mas desconhecidos porque não há necessidade de que saibam que sois almas entregues a Deus. Que o experimentem, que se sintam ajudados a ser limpos e nobres ao ver vossa conduta cheia de respeito pela legítima liberdade de todos, ao ouvir dos vossos lábios a doutrina, sublinhada pelo vosso exemplo coerente; mas que a vossa dedicação ao serviço de Deus passe escondida, despercebida, como passou despercebida a vida de Jesus em seus primeiros trinta anos.

Simplicidade, sem nenhum segredo

7 Deveis viver com simplicidade — já vos disse —, com discrição, a vossa entrega amorosa ao Senhor; deveis estar prevenidos contra a curiosidade agressiva de alguns e tratar com extrema delicadeza tudo o que se refira à intimidade da vossa vida apostólica.

Embora saiba que não se faz necessário, uma vez que conheceis bem o espírito que Deus nos pede para viver, quero fazer uma advertência: discrição não é mistério, nem segredo; é simplesmente naturalidade. Na Obra, nunca tivemos, nem teremos, qualquer segredo, insisto: não precisamos deles.

Eu odeio o segredo. Quando alguma vez uma pessoa veio a mim e me disse: vou lhe falar em segredo, respondi-lhe: pois bem, ajoelhe-se, porque eu não gosto de nenhum segredo fora o do Sacramento da Penitência. Se quiser, confie-se a um amigo e a um cavalheiro; se não, de joelhos e em confissão.

8   O que o Senhor nos pede é naturalidade: se somos cristãos comuns, almas entregues a Deus no meio do mundo — no mundo e do mundo, mas sem ser mundanos —, não podemos comportar-nos de outra forma: fazer coisas que em outros são estranhas também seriam estranhas em nós. Sabeis muito bem que proibi que nossa entrega tenha manifestações externas especiais: não há razão alguma para usarmos uniformes ou insígnias.

Respeito quem pensa que, para ser bom cristão, é preciso colocar uma dúzia de escapulários ou medalhas no pescoço. Tenho muita devoção aos escapulários e medalhas, mas sou mais devoto de ter doutrina, de que as pessoas adquiram um conhecimento profundo da religião.

Assim, para mostrar que se é cristão, não é necessário adornar-se com um punhado de distintivos, pois o cristianismo se manifestará com simplicidade nas vidas dos que conhecem a sua fé e lutam para praticá-la, no esforço de se comportar bem, na alegria com que lidam com as coisas de Deus, no entusiasmo com que vivem a caridade.

Para nós, não agir assim seria esquecer a própria essência de nosso chamado divino, porque então já não seríamos mais pessoas comuns: teríamos nos separado da massa e teríamos deixado de ser fermento. Só uma coisa deve nos distinguir: o fato de que não nos distinguimos. Por isso, para algumas pessoas que são amigas de chamar a atenção ou de fazer palhaçadas, somos estranhos porque não somos estranhos.

Santificar a vida corrente

9 A vossa vida e a minha têm de ser assim vulgares: procuramos fazer bem — todos os dias — as mesmas coisas que temos obrigação de viver; cumprimos nossa missão divina no mundo cumprindo o pequeno dever de cada momento. Melhor, esforçando-nos por cumpri-lo, porque às vezes não conseguiremos e, ao chegar a noite, no exame, teremos de dizer ao Senhor: não te ofereço virtudes; hoje só posso oferecer-te defeitos, mas, com tua graça, chegarei a poder me chamar vencedor.

Nossa vida sobrenatural, nosso endeusamento, não nos deve levar à tolice de achar que não temos erros: muitas vezes teremos apenas imperfeições, contra as quais lutamos com a graça de Deus e com o empenho da nossa vontade. Essa luta, essa perseverança na tarefa sobrenatural de tornar divina a vida ordinária, é o que o Senhor nos pede, pela chamada específica que recebemos dEle.

10 O nosso caminho não é o dos mártires — se vier o martírio, nós o receberemos como um tesouro —, mas o dos confessores da fé: confessar nossa fé, manifestar nossa fé na vida cotidiana. Porque os sócios[15] da Obra vivem a vida corrente, a mesma vida de seus companheiros de ambiente e de profissão. Mas, no trabalho ordinário, devemos sempre manifestar a caridade ordenada, o desejo e a realidade de fazer com perfeição a nossa tarefa por amor; a convivência com todos, para trazê-los *opportune et importune*, com a ajuda do Senhor e com garbo humano, para a vida cristã, e até para a perfeição cristã no mundo; o desprendimento das coisas da terra, a pobreza pessoal amada e vivida.

Devemos ter presente a importância santificadora do trabalho e sentir a necessidade de compreender a todos para servir a todos, sabendo que somos filhos do Pai Nosso que está nos céus, e unindo — de uma forma que acaba por ser conatural — a vida contemplativa com a ativa: porque assim o exige o espírito da Obra, e a graça de Deus

---

15 *"Sócios"*: hoje prefere-se denominá-los "membros" ou "fiéis". | *"opportune et importune"*: "com oportunidade e sem ela", cf. 2 Tm 4, 2. [N. do E.]

facilita aos que generosamente o servem nesta chamada divina.

Deveis aproximar as almas de Deus com a palavra adequada, que desperte horizontes de apostolado; com o conselho discreto, que ajude a enfocar certo problema de maneira cristã; com uma conversa amável, que ensine a viver a caridade: por meio de um apostolado a que algumas vezes chamei de amizade e confidência.

Mas deveis atrair sobretudo com o exemplo da integridade das vossas vidas, com a afirmação — humilde e audaz ao mesmo tempo — que consiste em viver de maneira cristã entre os vossos iguais, com um estilo ordinário mas coerente, manifestando em nossas obras a nossa fé: essa será, com a ajuda de Deus, a razão da nossa eficácia.

Não tenhais medo do mundo: nós somos do mundo e, unidos a Deus, se vivermos o nosso espírito, nada nos poderá prejudicar. Talvez, em algumas ocasiões, entre pessoas afastadas de Deus, o nosso comportamento cristão possa chocar: tereis de ter a coragem, apoiada na onipotência divina, de ser fiéis.

Peço para os meus filhos a fortaleza de espírito que os torne capazes de levar consigo o seu próprio ambiente; porque um filho de Deus em sua Obra deve ser como uma brasa ardente, que incendeia onde quer que esteja, ou pelo menos eleva a temperatura espiritual dos que o rodeiam, arrastando-os para uma intensa vida cristã.

Perfeição no ordinário

12 Pelo contrário, se alguma vez vier a tentação de fazer coisas estranhas e extraordinárias, vencei-a: porque, para nós, esse modo de agir é um equívoco, um descaminho. Irei dizê-lo com um exemplo que provavelmente vos divertirá. Pensai que ides a um hotel e pedis um pescado. Alguns minutos se passam e o garçom traz um prato: ao olhar para ele, percebeis com surpresa que não é um peixe, mas uma cobra. Talvez um desses grandes taumaturgos, que admiro e cuja vida é cheia de milagres, reagisse dando uma bênção e transformando o réptil num pescado bem preparado. Essa atitude merece todo o meu respeito, mas não é a nossa.

A nossa é chamar o garçom e dizer-lhe claramente: isto é uma porcaria, leve-o e traga-me o que pedi. Ou ainda, se houver motivos que o aconselhem, podemos fazer um ato de mortificação e comer a cobra, sabendo que é uma cobra, oferecendo isso a Deus. Na verdade, caberia uma terceira posição: chamar o garçom e dar-lhe umas bofetadas; mas também não é essa a nossa solução, pois seria uma falta de caridade.

Meus filhos, o extraordinário nosso é o ordinário: o ordinário feito com perfeição. Sorrir sempre, sem dar importância — também com elegância humana — às coisas que incomodam, que irritam: ser generoso sem regateio. Em resumo, fazer da nossa vida cotidiana uma oração contínua.

Outros têm um espírito diferente, aquele que poderíamos chamar do grande taumaturgo: acho bom, admiro-o, mas nunca o imitarei. Nosso espírito é o espírito da providência ordinária. Maior milagre é que todos os dias se cumpram as leis que regem a natureza do que o fato de que alguma vez ocorra uma exceção. Não sejais amigos de milagrices: o milagre da Obra consiste em saber fazer, da pequena prosa de cada dia decassílabos, verso heroico.

13. Portanto, o nosso caminho é muito claro: as coisas pequenas. Sendo homens duros e fortes, pode-se comparar a nossa vida à de uma criança pequena — já tereis visto isso tantas vezes — que é levada para passear no campo e apanha uma florzinha, e outra, e outra. Flores pequenas e humildes, que passam despercebidas aos grandes, mas que ela — como é criança — vê e reúne para formar um buquê, para oferecê-lo à sua mãe, que a olha com um olhar de amor.

Somos crianças diante de Deus e, se considerarmos assim nossa vida cotidiana, aparentemente sempre igual, veremos que as horas dos nossos dias se animam, que estão cheias de maravilhas, que são diversas entre si e todas formosas. Basta não fechar os olhos à luz divina, porque o Senhor está nos falando constantemente em mil pequenos detalhes de cada dia.

14   Nesta vida corrente, enquanto avançamos na terra junto com os nossos colegas de profissão ou ofício — como diz o ditado espanhol, cada ovelha com seu par, pois essa é a nossa vida —, Deus Nosso Pai nos dá a oportunidade de nos exercitar em todas as virtudes, de praticar a caridade, a fortaleza, a justiça, a sinceridade, a temperança, a pobreza, a humildade, a obediência. Dir-vos-ei com São João Crisóstomo, quando, dirigindo-se aos que sonhavam praticar as virtudes em ocasiões difíceis, em praça pública, recordava-lhes como *podemos praticar tudo isso em nossa própria casa: com os amigos, com a esposa, com os filhos. Comecemos com algo simples: por exemplo, por não praguejar. Pratiquemos essa ciência espiritual em nossa própria casa. Com efeito, não faltará quem venha nos atrapalhar: o criado vos irrita, a mulher vos tira dos trilhos com seus momentos de mau humor, a criança, com suas travessuras e rebeldias, tenta fazer-vos explodir em ameaças e repreensões. Pois bem, se em casa, constantemente espicaçados por tudo isto, conseguis não praguejar, facilmente saireis ilesos também em praça pública*[16].

---
16   São João Crisóstomo, *In Matthaeum Homilia* 11, 8 (PG 57, col. 201).

Também posso contar-vos outro episódio simples e claro. Há alguns anos — antes que Deus quisesse sua Obra —, conheci uma pessoa idosa que costumava deixar suas roupas desarrumadas, jogadas aqui e ali. Quando alguém lhe fazia notar isso, ela comentava: a roupa é para mim, e não eu para a roupa. Mais tarde, quando Deus me chamou para a sua Obra, quando me lembrei daquele acontecimento, compreendi que a roupa, que as coisas que uso, não são para mim; ou melhor, que são para mim, por Deus: que me permitem viver a pobreza, usando-as com cuidado, fazendo com que rendam.

Mortificação no ordinário. O verdadeiro espírito de penitência

15 O Senhor chamou-nos à sua Obra para que sejamos santos; e não seremos santos se não nos unirmos a Cristo na Cruz: não há santidade sem cruz, sem mortificação. Onde encontraremos mais facilmente a mortificação é nas coisas ordinárias e correntes: no trabalho intenso, constante e ordenado; sabendo que o melhor espírito de sacrifício é a perseverança em terminar com perfeição o trabalho começado; na pontualidade, preenchendo o dia com minutos heroicos; no cuidado com as coisas que temos e usamos; no afã de servir, que nos faz cumprir com exatidão os deveres mais pequeninos; e nos

pormenores de caridade, para tornar amável para todos o caminho de santidade no mundo: um sorriso pode ser, às vezes, a melhor manifestação do nosso espírito de penitência.

Por outro lado, meus filhos, não é espírito de penitência o de quem faz grandes sacrifícios alguns dias e deixa de se mortificar nos dias seguintes. Tem espírito de penitência aquele que sabe se vencer todos os dias, oferecendo ao Senhor, sem espetáculo, mil coisas pequenas. Esse é o amor sacrificado que Deus espera de nós.

16   Também sabemos que as tentações a temer não são tanto as grandes batalhas, mas *as pequenas raposas que destroem a vinha*[17], pois *quem não dá atenção ao pouco cairá na miséria*[18]. Só assim conseguiremos *que este corpo corruptível seja revestido de incorruptibilidade e que este corpo mortal seja revestido de imortalidade*[19].

E ensinei-vos que o nosso modo sobrenatural de proceder deve levar-nos a colocar a luta nos pequenos detalhes — a ordem no trabalho, a pontualidade no plano de vida, a fidelidade aos deveres de estado ou ofício, que se apresentam a cada instante —, de tal forma que ali, em nossas *batalhas de criança*, o inimigo se canse e se esgote.

---

17   *Ct* 2, 15.
18   *Eclo* 19, 1.
19   *1 Cor* 15, 53.

CARTA 1

Contemplativos no meio do mundo

Se a nossa luta está nas pequenas coisas, devemos fazer delas ocasião para o nosso diálogo com Deus. É possível que haja pessoas que, como homens fortes para os quais basta fazer uma só grande refeição por dia, conservem a tensão interior graças a um longo período de oração; nós somos crianças que, para se manter, precisam de muitas pequenas refeições: temos sempre necessidade de novo alimento.

Todos os dias deve haver algum tempo dedicado sobretudo ao trato com Deus, mas sem esquecer que a nossa oração deve ser constante, como o bater do coração: jaculatórias, atos de amor, ação de graças, atos de desagravo, comunhões espirituais. Ao caminhar pela rua, ao fechar ou abrir uma porta, ao ver ao longe o campanário de uma igreja, ao iniciar as nossas tarefas, ao fazê-las e ao terminá-las, referimos tudo ao Senhor. Estamos obrigados a fazer da nossa vida ordinária uma oração contínua, porque somos almas contemplativas em meio a todos os caminhos do mundo.

Eu quis, filhos queridíssimos, descrever-vos alguns traços do nosso modo de santificar a vida ordinária, convertendo-a em meio e ocasião de santidade própria e alheia. Alcançaremos esse fim se tivermos presente esta condição: que cuidemos da importância das pequenas coisas.

É oportuno relembrar a história daquele personagem[20], imaginado por um escritor francês, que pretendia caçar leões nos corredores de sua casa e, naturalmente, não os encontrava. Nossa vida é comum e corrente: querer servir ao Senhor com grandes coisas seria como tentar caçar leões nos corredores. Assim como o caçador da história, acabaríamos de mãos vazias: as coisas grandes, geralmente, ocorrem apenas na imaginação, raramente na realidade.

Por outro lado, ao longo da vida, se o Amor nos move, quantos detalhes que podem ser cuidados nós encontraremos, quantas ocasiões para prestar um pequeno serviço, quantas contradições — sem importância — saberemos apreciar. Pequenas coisas que custam e são oferecidas por um motivo específico: a Igreja, o Papa, os teus irmãos, todas as almas.

Meus filhos, repito-vos mais uma vez: teríamos errado o caminho se desprezássemos as coisas pequenas. Neste mundo, tudo o que é grande é uma soma de coisas pequenas. Prestai atenção ao pequeno, que estejais nos detalhes. Não é obsessão, não é mania: é carinho, amor virginal, sentido sobrenatural em todos os momentos e caridade. Sede sempre

---

20 "*aquele personagem*": faz alusão ao protagonista da novela *Tartarin de Tarascon* (1872), de Alphonse Daudet (1840-1897). [N. do E.]

CARTA 1

fiéis nas pequenas coisas por Amor, com retidão de intenção, sem esperar na terra um sorriso ou um olhar de gratidão.

Se assim viverdes, fareis com a vossa vida um fecundo apostolado e, no final do caminho, merecereis o louvor de Jesus: *quia super pauca fuisti fidelis, super fine constituam: intra in gaudium domini tui*[21]; já que foste fiel no pouco, nas pequenas coisas, eu te entregarei o muito: entra no gozo do teu Senhor.

Nossa vida é simples, comum, mas, se a viverdes de acordo com as exigências do nosso espírito, ela será ao mesmo tempo heroica. A santidade nunca é uma coisa medíocre, e o Senhor não nos chamou para tornar mais fácil, menos heroico, caminhar para Ele. Ele nos chamou para que lembremos a todos que, em qualquer estado e condição, em meio às nobres ocupações da terra, eles podem ser santos: que a santidade é algo acessível. E, ao mesmo tempo, para que proclamemos que a meta é bem alta: *sede perfeitos, como vosso Pai celestial é perfeito*[22]. Nossa vida é o heroísmo da perseverança no ordinário, nas coisas de todos os dias.

A vida habitual não é algo sem valor. Se fazer as mesmas coisas todos os dias pode parecer chato, plano, sem atrativos, é porque falta amor. Quando há

---
21 Mt 25, 21.
22 Mt 5, 48.

amor, cada novo dia tem outra cor, outra vibração, outra harmonia. Que façais tudo por Amor. Não nos cansemos de amar o nosso Deus: precisamos aproveitar todos os segundos da nossa pobre vida para servir todas as criaturas, por amor a Nosso Senhor, porque o tempo da vida mortal é sempre pouco para amar, é curto como o vento que passa[23].

Alguém pode, talvez, imaginar que na vida ordinária há pouco a oferecer a Deus: ninharias, insignificâncias. Um menino, querendo agradar seu pai, oferece-lhe o que tem: um soldadinho de chumbo sem cabeça, um carretel sem linha, umas pedrinhas, dois botões: tudo o que tem *de valor* em seus bolsos, seus *tesouros*. E o pai não considera a puerilidade do presente: agradece e estreita o filho junto do seu coração, com imensa ternura. Procedamos assim com Deus, e essas ninharias — essas insignificâncias — tornam-se *coisas grandes*, porque é grande o amor: isso é o que corresponde a nós, tornar heroicos por Amor os pequenos detalhes de cada dia, de cada instante.

Humildade pessoal e coletiva

20 Sejamos humildes, busquemos somente a glória de Deus: porque nossa vida de entrega, calada e oculta, deve ser uma constante manifestação de

---

[23] Cf. Jó 7, 7.

humildade. A humildade é o fundamento da nossa vida, meio e condição de eficácia. A soberba e a vaidade podem apresentar como algo atraente a vocação de lanterna de festa popular, que brilha e se movimenta, que é visível a todos, mas que, na verdade, dura apenas uma noite e morre sem deixar nada atrás de si.

Aspirai, antes, queimar-vos num canto, como aquelas lâmpadas que acompanham o Sacrário na penumbra de um oratório, eficazes aos olhos de Deus; e, sem ostentação, acompanhai também os homens — vossos amigos, vossos colegas, vossos parentes, vossos irmãos! — com o vosso exemplo, com a vossa doutrina, com o vosso trabalho e com a vossa serenidade e com a vossa alegria.

Vita vestra est abscondita cum Christo in Deo[24]; vivei voltados para Deus, não para os homens. Essa foi e sempre será a aspiração da Obra: viver sem a glória humana; e não vos esqueçais de que, num primeiro momento, eu teria gostado que a Obra não tivesse nome, para que a sua história fosse conhecida apenas por Deus: mas, como abominamos o segredo e queremos trabalhar sempre dentro dos limites da lei em cada país, não poderemos evitar o uso de um nome.

Essa também deve ser a aspiração de cada um de vós, meus filhos: passar despercebidos, imitar

---
[24] Cl 3, 3.

Cristo, que permaneceu oculto por trinta anos sendo simplesmente *o filho do artesão*[25]; imitar Maria que, sendo Mãe de Deus, gosta de se chamar sua escrava: *ecce ancilla Domini*[26].

21   O Senhor quer que sejamos humildes: essa humildade não significa que não chegueis aonde deveis chegar no campo profissional, no trabalho ordinário e, é claro, na vida espiritual. É preciso chegar, mas sem procurar a vós mesmos, com retidão de intenção. Não vivemos para a terra, nem para a nossa honra, mas para a honra de Deus, para a glória de Deus, para o serviço de Deus: só isso nos move.

Deus quis servir-se de vós, de vossa luta por alcançar a santidade, e inclusive dos vossos talentos humanos. Lembrai-vos sempre do mandamento de Cristo: *deixai brilhar a vossa luz diante dos homens, para que vejam as vossas boas obras e glorifiquem o vosso Pai que está nos céus*[27]. A Ele toda a glória, toda a honra: *soli Deo honor et gloria in saecula saeculorum*[28], só a Deus devemos dar honra e glória, pelos séculos sem fim.

Não deixeis de meditar nas palavras do Apóstolo: *pois bem, quem é Apolo, quem é Paulo? Simples ministros daquele em quem crestes, e cada um segundo o dom que o*

---

[25]   *Mt* 13, 55.
[26]   *Lc* 1, 38.
[27]   *Mt* 5, 16.
[28]   *1 Tm* 1, 17.

Senhor lhe concedeu. *Eu plantei, Apolo regou, mas Deus é quem fez crescer. E assim nem o que planta é alguma coisa, nem o que rega, mas Deus, que deu o incremento*[29].

Não esqueçais que é um sinal de predileção divina passar ocultos. Apaixona-me o texto do Evangelho em que São João, ao descrever um grupo de discípulos, nos diz: *estavam juntos Simão Pedro e Tomé, chamado Dídimo, e Natanael, que era de Caná da Galileia, e os filhos de Zebedeu, e outros dois discípulos*[30]. Tenho muita simpatia por *esses dois* cujos nomes nem sequer são conhecidos, pois passam despercebidos. Dá-me muita alegria pensar que se pode viver uma vida inteira assim: ser apóstolo, ocultar-se e desaparecer. Embora às vezes custe, é muito bonito desaparecer: *Illum oportet crescere, me autem minui*[31].

Consciência da missão divina recebida com a vocação

Meus filhos, temos muito a fazer no mundo: o Senhor nos deu uma missão divina. Desde o primeiro dia, convidei-vos a agradecer esta mostra de predileção soberana, esta chamada divina ao serviço de todos os homens: Deus pede-nos que o zelo apostólico encha os nossos corações, que nos esqueçamos de

22

---

29 1 Cor 3, 4-7.
30 Jo 21, 2.
31 Jo 3, 30.

nós mesmos, para nos ocuparmos — com sacrifício alegre — de toda a humanidade. A maioria dos que têm problemas pessoais os têm por causa do egoísmo de pensar em si mesmos. Dar-se, dar-se, dar-se! Dar-se aos outros, servir os outros por amor a Deus: esse é o caminho.

Temos de encher o mundo de luz, pois o nosso tem de ser um serviço feito com alegria. Que, ali onde haja um filho de Deus em sua Obra, não falte esse bom humor, que é fruto da paz interior. Da paz interior e da entrega: o dar-se ao serviço dos outros é de tal eficácia que Deus o recompensa com uma humildade cheia de alegria espiritual.

Nada pode produzir maior satisfação do que levar tantas almas à luz e ao calor de Cristo. Pessoas que não foram ensinadas por ninguém a valorizar a sua vida corrente, para as quais o ordinário parece vão e sem sentido; que não conseguem compreender e se admirar diante dessa grande verdade: Jesus Cristo preocupou-se conosco, até com os menores, até com os mais insignificantes. Deveis dizer a todas as pessoas: Cristo também vos procura, como procurou os primeiros doze, como procurou a mulher samaritana, como procurou Zaqueu; como procurou o paralítico: *surge e ambula*[32], levanta-te, pois o Senhor te espera; como o filho da viúva de Naim: *tibi dico,*

---

32 Cf. *Mc* 2, 9.

surge![33], eu te digo, levanta-te do teu comodismo, da tua poltronice, da tua morte. Deus faz outra chamada a alguns — que eu amo e venero, embora não seja a minha nem a vossa — e os convida a deixar o mundo; mas quer que a grande maioria dos cristãos fique no lugar em que estavam, no seu lugar, no seu ambiente, na sua profissão, para que continuem a ser pessoas comuns e, ao mesmo tempo, *luz do mundo, sal da terra*[34].

Meus filhos, fé. Considerai o que São Paulo escreve aos de Corinto: *modicum fermentum totam massam corrumpit*[35], um pouco de fermento faz toda a massa fermentar. Permanecei unidos no amor a Deus, no relacionamento de confiança com Jesus, na devoção filial a Maria Santíssima. Se fordes fiéis, como fruto da vossa entrega calada e humilde, o Senhor — por vossas mãos — fará maravilhas. Reviver-se-á aquela passagem de São Lucas: *regressaram os setenta e dois discípulos cheios de alegria, dizendo: Senhor, até os próprios demônios se submetem a nós, em virtude do teu nome*[36].

Meus filhos: *date, et dabitur vobis: mensuram bonam, et confertam, et coagitatam, et supereffluentem dabunt in sinum vestrum*[37]; dai, e dar-se-vos-á uma boa medida,

---

33   *Lc* 7, 14.
34   *Mt* 5, 13-14.
35   *1 Cor* 5, 6.
36   *Lc* 10, 17.
37   *Lc* 6, 38.

recalcada e bem cheia até transbordar. Dai muito e tereis muito: compreendei, e acabaremos sendo compreendidos; amai a todos, e acabaremos sendo amados por todos.

Escutai sempre em vosso coração aquele clamor do Senhor que moveu tantas almas, também a minha: *ignem veni mittere in terram, et quid volo nisi ut accendatur?*[38] Vim trazer fogo à terra, e o que quero senão que queime? Acesos nesse fogo divino, vós e eu veremos como nossa vida se purifica: como aprendemos a lutar contra os nossos erros, a adquirir a perfeição cristã, o *bom endeusamento*.

Só assim, com Amor — caridade de Cristo — e com a humildade do conhecimento próprio, poderemos ter voz para dizer a Nosso Senhor, *non verbo neque lingua, sed opere et veritate*[39]— não com a língua, mas com as obras e na verdade —, que queremos seguir os seus passos; só então saberemos responder à chamada de Deus com um grito de verdadeira entrega, de correspondência à graça divina: *ecce ego, quia vocasti me!*[40]; aqui estou, porque me chamaste!

Abençoa-vos carinhosamente vosso Padre.

Madri, 24 de março de 1930

---

38   *Lc* 12, 49.
39   Cf. *1 Jo* 3, 18.
40   *1 Rs* 3, 6.

CARTA 2

[Sobre a humildade na vida espiritual; seu *incipit* latino é *Videns eos*. É datada de 24 de março de 1931 e foi impressa pela primeira vez em janeiro de 1966.]

Vendo-os remar com grande fadiga, porque o vento lhes era contrário, por volta da quarta vigília da noite — de madrugada —, ele veio ao encontro deles caminhando sobre o mar[1]. Comove-me, filhos queridíssimos, contemplar Jesus ao exercer o seu poder divino e realizar um milagre maravilhoso para ir ao encontro dos seus discípulos, que se cansam remando contra o vento a fim de levar a barca para onde o Senhor lhes indicou.

Nós também cumprimos um mandato imperativo de Cristo, navegando em mar agitado pelas paixões e erros humanos, sentindo às vezes toda a nossa fraqueza, mas firmemente determinados a conduzir ao seu destino esta barca da salvação que o Senhor nos confiou. Perante a força do vento contrário, em algumas ocasiões talvez se levante no fundo do coração a voz da nossa impotência humana: *tem*

---
[1] Mc 6, 48.

misericórdia de mim, ó Deus, porque me perseguem, combatem contra mim e me fazem sofrer constantemente. Meus inimigos me perseguem sem cessar; e são muitos, na verdade, os que me combatem[2]. Ele não nos abandona e, sempre que foi necessário, fez-se presente, com sua onipotência amorosa, para encher de paz e segurança os corações dos seus: *Jesus então falou-lhes, dizendo: ânimo, sou eu, não temais. E Ele entrou na barca com eles, e o vento cessou*[3].

Necessidade da humildade

2   Desejo fazer-vos sentir, junto com a alegria que vos produz a vossa vocação divina, uma íntima e sincera humildade, que não só é compatível com a esperança e a grandeza de ânimo, mas é a sua melhor defesa e garantia. Porque *nem toda segurança é digna de louvor, mas apenas aquela que abandona os cuidados na medida em que deve fazê-lo e nas coisas que não se devem temer. É desta maneira que a segurança é condição para a fortaleza e para a magnanimidade*[4].

Cada um de nós é como aquele gigante da Sagrada Escritura: *a cabeça da estátua era de ouro puro; seu peito e seus braços, de prata; seu ventre e seus quadris, de bronze; suas pernas, de ferro e seus pés, parte de ferro*

---

2   Sl 56 [55], 2-3.
3   Mc 6, 50-51.
4   S.Th. II-II, q. 129, a. 7 ad 2.

e parte de barro[5]. Não esqueçamos jamais desta fragilidade do fundamento humano, e assim seremos prudentes — humildes —, e não nos acontecerá o que aconteceu àquela estátua colossal: *uma pedra, não lançada pela mão de alguém, desprendeu-se, feriu a estátua nos pés de ferro e de barro, destruindo-os. Então o ferro, o barro, o bronze, a prata e o ouro desintegraram-se todos juntos e se tornaram como o pó da eira no verão: o vento os levou sem deixar vestígios deles*[6].

Ouvi, meus filhos, o que o Espírito Santo nos diz por meio de São Paulo: *aquele que pensa estar firme, vigie para não cair. Não tivestes nada além de tentações humanas e ordinárias; mas fiel é Deus, que não permitirá que sejais tentados acima de vossas forças, mas fará com que aproveiteis a própria tentação para que possais sustentar-vos*[7].

Pela graça, o homem se endeusa

A alma *se endeusa*: sua nova vida contrasta tanto com a anterior e com aquela que muitas vezes encontra ao seu redor! A fé nos diz que uma alma em estado de graça é verdadeiramente uma alma divinizada: *Deus nos deu as grandes e preciosas graças que havia prometido, para vos tornar por meio*

3

---

5   Dn 2, 32-33.
6   Dn 2, 34-35.
7   1 Cor 10, 12-13.

delas participantes da natureza divina[8]. Este conceito teologal do homem está quase tão longe do conceito puramente humano e natural quanto Deus está distante da humanidade. Somos homens, de carne e osso, não anjos. Mas também no corpo, pelo influxo da alma em graça, essa divinização redunda como antegozo da ressurreição gloriosa.

E ousarei dizer: porque sou santo? Se eu dissesse santo no sentido de santificador e não necessitado de ninguém para me santificar, seria soberbo e mentiroso. Mas se entendermos por santo o santificado de acordo com aquelas palavras: sede santos, porque eu sou santo; então ouse também o Corpo de Cristo, até o último homem que clama dos confins da terra, com sua Cabeça e sob sua Cabeça, e diga audazmente: porque eu sou santo[9].

4   Não vos posso ocultar, meus filhos, meu temor de que em algum caso esse endeusamento, sem uma base profunda de humildade, possa causar presunção, corrupção da verdadeira esperança, soberba e — mais cedo ou mais tarde — o colapso espiritual diante da experiência inesperada da própria fraqueza.

Costumo dar o exemplo do pó que é levantado pelo vento até formar lá no alto uma nuvem dourada, porque reflete os raios do sol. Da mesma forma, a graça de Deus nos eleva, e reverbera em

---

[8]   2 Pe 1, 4.
[9]   Santo Agostinho de Hipona, *Enarrationes in Psalmos*, 85, 4 (CChr.SL 39, p. 1179).

nós toda aquela maravilha de bondade, de sabedoria, de eficácia, de beleza, que é Deus. Se tu e eu sabemos que somos pó e miséria, pouquinha coisa, o Senhor acrescentará o resto. É uma consideração que preenche a minha alma.

Mas endeusamento sem humildade? Péssimo! E, se o endeusamento for corporativo, pior! *Porque Tu, Senhor, salvas o povo humilde e humilhas o soberbo*[10].

Nas jornadas da vida interior e nas do trabalho espiritual, o Senhor concede aos seus apóstolos esses tempos de bonança, e os elementos, as misérias próprias e os obstáculos do ambiente emudecem: a alma desfruta, em si mesma e nos outros, da formosura e do poder do divino e se enche de contentamento, de paz, de segurança em sua fé ainda vacilante. Especialmente aos que estão começando, o Senhor costuma levá-los — talvez durante anos — por esses mares menos tempestuosos, para os confirmar em sua primeira decisão, sem exigir deles de início o que ainda não podem dar, porque são *sicut modo geniti infantes*[11], como crianças recém-nascidas.

Trata-se de um endeusamento mau se ele cega, se não mostra com evidência que temos pés de barro, pois a pedra de toque para distinguir o

---
10   *Sl* 18 [17], 28.
11   *1 Pe* 2, 2.

endeusamento bom do mau é a humildade. Por isso, é bom desde que não se perca a consciência de que esta divinização é um dom de Deus, uma graça de Deus; é mau quando a alma atribui a si mesma — às suas obras, aos seus méritos, à sua excelência — a grandeza espiritual que lhe foi dada.

Humildes, humildes! Porque sabemos que em parte somos feitos de barro e conhecemos um pouco da nossa soberba e das nossas misérias... e não conhecemos tudo. Que possamos descobrir o que prejudica a nossa fé, a nossa esperança e o nosso amor!

Aqueles que têm o afã de ser santos alcançam essa humildade de duas maneiras. Uma delas ocorre quando aquele que se esforça por exercitar a piedade está em plena experiência espiritual e, por causa da fraqueza do corpo, ou pela ação dos que desejam o mal dos que praticam a virtude, ou por causa dos maus pensamentos que o assaltam, vê a si mesmo com mais modéstia e submissão. A outra maneira, ao contrário, ocorre quando a inteligência é iluminada pela graça santa, com profundidade e plenitude: então a alma possui uma espécie de humildade natural. Tornada mais plena e rica pela graça divina, ela já não pode se erguer com o inchaço do desejo de glória, embora sempre cumpra plenamente os mandamentos de Deus; antes, se comporta como inferior a todos, com um relacionamento cheio de submissão e de divina modéstia[12].

---

12   Diadoco de Fótice, *Capita centum de perfectione spirituali*, c. 95 (PG 65, cols. 1207-1208).

CARTA 2

Construir sobre fundamentos de humildade

7 Para fazer os alicerces de um edifício, às vezes é preciso cavar muito, chegar a uma grande profundidade, fazer grandes suportes de ferro e afundá-los até que se apoiem sobre rocha. Mas não há necessidade disso quando se encontra logo um terreno firme. Para nós a rocha é esta: piedade, filiação divina, abandono nas mãos de Deus, sinceridade e manter a mente na constante realidade da vida ordinária: *eu te amo, Senhor, fortaleza minha. O Senhor é a minha rocha, o meu refúgio e o meu libertador*[13].

É o próprio Jesus Nosso Senhor que nos diz: *quem ouve a minha doutrina e a põe em prática será como um homem sensato, que alicerçou sua casa sobre a rocha; e caíram as chuvas, e os rios transbordaram, e sopraram os ventos e arremeteram com ímpeto contra aquela casa, que não foi destruída, porque estava fundada sobre pedra. Mas quem ouve a minha doutrina e não a pratica será como um homem louco, que construiu a sua casa sobre areia; e caíram as chuvas, e os rios transbordaram, e os ventos sopraram e arremeteram contra aquela casa, que desabou, e sua ruína foi grande*[14].

8 Sinto-me agora impelido, meus filhos, a fazer algumas considerações que vos ajudarão a edificar

---
13 Sl 18 [17], 2-3.
14 Mt 7, 24-27.

sobre uma profunda e sincera humildade, porque *infeliz é aquele que despreza a sabedoria e a instrução; sua esperança é vã, seus trabalhos infrutíferos e suas obras inúteis*[15]; mas, ao contrário, *o Senhor deu aos santos a recompensa de seus trabalhos, guiando-os por um caminho maravilhoso, e foi para eles sombra durante o dia e luz das estrelas à noite*[16].

9   Dizia-vos que há, ao longo desta navegação da nossa vida, tempos de bonança — interna ou externa — até mesmo prolongados; mas só no Céu a paz é definitiva, a serenidade é completa. Jesus Cristo disse: *não deveis pensar que vim trazer paz à terra: não vim trazer a paz, mas a guerra*[17].

Um homem vai se fazendo pouco a pouco e nunca chega a fazer-se por completo, a realizar em si mesmo toda a perfeição humana de que a natureza é capaz. Em certo aspecto, pode até se tornar o melhor em relação a todos os outros e, talvez, ser insuperável naquela atividade natural particular. No entanto, como cristão, seu crescimento não tem limites: sempre pode crescer em caridade, que é a essência da perfeição. *Porque a caridade, segundo a sua própria razão específica, não tem limite em seu aumento, sendo como é uma participação na caridade infinita, que é o Espírito*

---

15   *Sb* 3, 11.
16   *Sb* 10, 17.
17   *Mt* 10, 34.

Santo. Também a causa do aumento da caridade — isto é, Deus — é infinita em seu poder. Da mesma forma, também não se pode estabelecer termo para esta melhora por parte do sujeito: porque sempre, à medida que cresce a caridade, cresce também a capacidade de aperfeiçoamento ulterior. Portanto, deve-se concluir que nesta vida não se pode fixar previamente um limite para o aumento da caridade[18].

Ouvi o testemunho de Paulo: *não é que eu já tenha alcançado tudo, ou que já seja perfeito; mas prossigo em minha carreira para ver se alcanço o que me foi destinado por Jesus Cristo*[19]. São Paulo era um caminhante perfeito, e por isso mesmo sabia que não havia alcançado a perfeição à qual esse caminho conduzia[20]. Não vos surpreenda, portanto, que eu vos diga com Santo Agostinho: *corramos, prossigamos, estamos no caminho; que a venturosa segurança das coisas passadas não nos torne menos diligentes em relação àquelas que ainda não alcançamos*[21].

Saber que existem obstáculos. Não se assustar com as misérias pessoais

Alta é a meta para a qual Jesus nos chama: inatingível, até o final do caminho da vida. Sempre se

10

---

18   *S.Th.* II-II, q. 24, a. 7 c.
19   *Fl* 3, 12.
20   Cf. Santo Agostinho de Hipona, *De peccatorum meritis et remissione et de Baptismo parvulorum ad Marcellinum libri tres,* II, c. 13, 20 (CSEL 60, p. 93). [N. do E.]
21   Santo Agostinho de Hipona, *Enarrationes in Psalmos,* 38, 6 (CChr.SL 39, p. 1179).

pode tender a mais, e quem não avança, retrocede; aquele que não cresce, mingua. *Aqueles que me comem, lê-se no Eclesiástico, ainda terão fome; e aqueles que me bebem ainda terão sede*[22].

Além disso, não podemos esquecer que trazemos dentro de nós um princípio de oposição, de resistência à graça: as feridas do pecado original, talvez pioradas por nossos pecados pessoais. Opor-se-ão à tua fome de santidade, meu filho, em primeiro lugar, a preguiça, que é a primeira frente em que tens de lutar; depois, a rebeldia, o não querer carregar sobre os ombros o jugo suave de Cristo, um desejo louco, não de santa liberdade, mas de libertinagem; a sensualidade e, sempre — mais disfarçadamente, com o passar dos anos —, a soberba; e, depois, toda uma fileira de más inclinações, porque nossas misérias nunca vêm sozinhas. Não queremos nos enganar: teremos misérias. Quando envelhecermos também: as mesmas más inclinações de quando tínhamos vinte anos. E a luta ascética será igualmente necessária, e teremos de pedir ao Senhor que nos dê humildade. É uma luta constante. *Militia est vita hominis super terram*[23]. Mas a paz está precisamente na guerra. A paz é consequência da vitória!

---

22   Eclo 24, 29.
23   Jó 7, 1.

Meus filhos: não tenhais vergonha de ser miseráveis; não vos acovardeis por terdes no coração o *fome peccati*, a matéria apropriada para alimentar o fogo do pecado. Não vos assusteis, porque *o justo cai sete vezes, e outras tantas se levanta*[24]. Em nossa luta espiritual não faltarão fracassos. Mas, diante dos nossos equívocos, diante do erro, devemos reagir imediatamente, fazendo um ato de contrição, que virá ao nosso coração e aos nossos lábios com a rapidez com que o sangue chega à ferida, combatendo eficazmente o corpo estranho, o germe de infecção.

Asseguro-vos, diz o Senhor Deus, que não me alegro com a morte do ímpio, mas com que ele se afaste do seu caminho e viva. Convertei-vos dos vossos maus caminhos: por que insistis em morrer, casa de Israel? Tu, pois, filho do homem, dize também aos filhos do teu povo: a justiça do justo não o salvará no dia em que pecar, e a impiedade do ímpio não o estorvará no dia em que se converter da sua iniquidade, assim como o justo não viverá por sua justiça no dia em que pecar[25].

O obstáculo das inclinações humanas

É lógico, por outro lado, que sintamos a atração, não já do pecado, mas dessas coisas humanas nobres em si mesmas, que abandonamos por amor a

---

24   Pr 24, 16.
25   Ez 33, 11-12

Jesus Cristo, sem que por isso tenhamos perdido a inclinação a elas. Porque tínhamos esta tendência, a dedicação de cada um de nós foi um dom de si, generoso e desprendido; por preservarmos essa entrega, a fidelidade é uma doação contínua: um amor, uma liberalidade, um desprendimento que perdura, e não simplesmente o resultado da inércia. São Tomás diz: *eiusdem autem est aliquid constituere, et constitutum conservare*[26]. A mesma coisa que deu origem à tua entrega, meu filho, haverá de conservá-la.

13   *O reino dos céus é semelhante a um homem que semeou boa semente em seu campo*[27]. O campo de Deus é o mundo inteiro; e também o é, de maneira especial, a tua alma. Mas, além disso, como somos filhos de Deus, esse campo do nosso Pai é também campo nosso. O Senhor deixou para vós e para mim o mundo inteiro como herança. Pensai no que isso supõe em termos de divinização, de grandeza, de responsabilidade.

Mas quando os homens adormeceram, veio o seu inimigo e semeou joio no meio do trigo, e foi embora[28]. O inimigo de Deus: as pessoas têm medo de falar sobre as intervenções, sobre as ciladas desse inimigo de Deus, Satanás. Digo-vos que temos de pensar,

---

26   *S.Th.* II-II, q. 79, a. 1 c.
27   *Mt* 13, 24.
28   *Mt* 13, 25.

necessariamente, em que o diabo age. Tenho muita devoção em rezar, ao pé do altar: *Sancte Michaël Archangele, defende nos in proelio: contra nequitiam et insidias diaboli...*[29]. Para que nos liberte da influência diabólica em tantas coisas pessoais e alheias.

Cum autem dormirent homines... Não se deve perder nem uma palavra de tudo o que o Senhor nos diz. Porque, em nossa vida pessoal, por acaso não é sono, um mau sono, o que nos faz desperdiçar a boa semente da doutrina e da vida santa? Então, devemos estar vigilantes. *Custos, quid de nocte?*[30] Sentinela, alerta! Devemos estar vigilantes, devemos ouvir o grito de alarme e repeti-lo aos outros. Não podemos adormecer, porque senão, no meio do que é bom, virá o mal: *vigiai e orai, para não cairdes em tentação*[31].

Tendo crescido o trigo e brotado a espiga, descobriu-se também o joio[32]. Divina pedagogia a das parábolas! Luminosas e claras, para almas simples; ininteligíveis, para os complicados e indóceis: por isso os fariseus não as compreendem. O semeador, o campo, o inimigo, o joio... Aproxima-te mais de Cristo e pede-lhe que te explique a parábola — *edissere nobis parabolam!*[33] — na intimidade da tua oração.

---

[29] "São Miguel Arcanjo, defendei-nos no combate: contra os embustes e ciladas do demônio...", *Missale romanum*, Oração a São Miguel Arcanjo.
[30] Is 21, 11.
[31] Mt 26, 41.
[32] Mt 13, 26.
[33] Mt 13, 36.

Diz ao Senhor que queres empregar todos os meios. Quando vires que não soubeste empregá-los, que adormeceste — triste coisa é esse sono! —, será tempo de reagir, com a graça de Deus. É verdade que o nosso abandono não tem origem na falta de amor, mas na fraqueza. Por isso, devemos dizer imediatamente ao Senhor: de agora em diante eu serei forte, contigo. As derrotas são minhas; as vitórias, tuas. Não quero que haja mal no mundo: o campo será arado e receberá o cuidado necessário, com a semente generosamente semeada. *Livra-me dos meus inimigos, ó Senhor, pois recorro a ti. Ensina-me a fazer a tua vontade, porque tu és o meu Deus*[34].

14   *Descarregando-nos de todo peso e das amarras do pecado, corramos com determinação até o fim do combate que nos é proposto, tendo sempre os olhos fixos em Jesus, autor e consumador da fé*[35]. Teremos dificuldades: mas conhecemos os meios para lutar e vencer as inclinações da pobre natureza humana; empreguemo-los e confiemos no Senhor, nosso Salvador.

Sede otimistas. O próprio São Paulo, em sua epístola aos filipenses, nos dirá: *gaudete in Domino semper: iterum dico: gaudete*[36]; vivei sempre alegres no Senhor; repito-vos: estai alegres. É preciso ver,

---

34   *Sl* 143 [142], 9-10.
35   *Hb* 12, 1-2.
36   *Fl* 4, 4.

meus filhos, o lado positivo das coisas. O que parece mais tremendo na vida não é tão negro, não é tão escuro. Se analisardes bem, não chegareis a conclusões pessimistas. Como um bom médico não diz, ao atender um paciente, que tudo nele está podre, peço-vos pelo amor a Jesus Cristo que tenhais confiança. Não afirmeis nada de ruim, sem ver a contrapartida. Um doente não é imediatamente um corpo para o cemitério. Vamos curá-lo, dando-lhe os remédios adequados. Dentro do nosso espírito, temos toda a farmacopeia.

O obstáculo dos problemas pessoais

Estejamos sempre serenos. Se formos piedosos e sinceros, não haverá penas duradouras, e aquelas outras que às vezes inventamos desaparecerão por completo, porque objetivamente não o são. Viveremos com alegria, com paz, nos braços da Mãe de Deus, como seus filhos pequenos, pois é isso o que nós somos. De vez em quando, todos nós temos um pequeno conflito em nosso mundo interior, o qual a soberba trata de aumentar para lhe dar importância, para arrancar a nossa paz. Não deis atenção a essas pequenezes. Dizei: eu sou um pecador que ama Jesus Cristo.

Quase todos os que têm problemas pessoais os têm por causa do egoísmo de pensar em si mesmos.

É preciso doar-se aos outros, servir os outros por amor a Deus: esse é o caminho para que as nossas penas desapareçam. A maior parte das contradições tem sua origem no fato de nos esquecermos do serviço que devemos aos outros homens e de nos ocuparmos demais do *nosso eu*. Entregar-se ao serviço das almas, esquecendo-se de si mesmo, tem tal eficácia que Deus recompensa com uma humildade cheia de alegria.

E sem mentalidade de vítima. Só há uma Vítima: Cristo Nosso Senhor na Cruz. Necessitamos de calma e espírito de serviço. *Todas as coisas se fazem por vossa causa, para que a graça espalhada abundantemente sirva para aumentar a glória de Deus, por meio das ações de graças que muitos lhe tributarão. Por isso não desmaiamos; pelo contrário, embora em nós o homem exterior vá desmoronando, o interior vai se renovando dia após dia. Porque as aflições, tão breves e tão leves, da vida presente produzem em nós o peso eterno de uma glória sublime e incomparável, e assim não fixamos os olhos nas coisas visíveis, mas nas invisíveis; porque as que se veem são transitórias, e as que se não veem são eternas*[37].

O obstáculo da escuridão interior

16 Talvez tenhamos de superar outro obstáculo: a escuridão em nossa vida interior. Um homem

---
[37] 2 *Cor* 4, 15-18.

piedoso pode ter seu pobre coração em trevas; e essas trevas podem durar alguns momentos, alguns dias, uma temporada, alguns anos. É a hora de chorar: *Senhor, tem misericórdia de mim, porque eu te invoquei o dia todo: porque tu, Senhor, és suave e afável, e muito clemente para com aqueles que te invocam*[38]. É o momento de meditar naquele fato prodigioso que São João nos conta: *ao passar, Jesus viu um homem cego de nascença. Seus discípulos perguntaram-lhe: Mestre, que pecados são a causa de que tenha nascido cego: os dele ou os de seus pais? Jesus respondeu: Não é culpa dele ou de seus pais; mas para que as obras de Deus resplandeçam nele*[39].

Pode ocorrer que a nossa cegueira — se acontecer — não seja consequência dos nossos erros: mas um meio que Deus quer utilizar para nos tornar mais santos, mais eficazes. Em todo caso, trata-se de viver de fé; de tornar nossa fé mais teologal, menos dependente em seu exercício de outras razões que não sejam o próprio Deus. *Como alguém que possui pouca ciência confia mais naquilo que ouve de outro que possui muita ciência do que naquilo que lhe parece de acordo com seu próprio entendimento, assim o homem tem muito mais segurança no que lhe disse Deus, que não pode se enganar, do que naquilo que vê com a sua própria razão, que pode se equivocar*[40].

---

38 Sl 86 [85], 3.5.
39 Jo 9, 1-3.
40 S.Th. II-II, q. 4, a. 8 ad 2.

Dito isto, Jesus cuspiu na terra e, com a saliva, formou lodo e aplicou-o nos olhos do cego, e disse-lhe: vai e lava--te na piscina de Siloé (palavra que significa "enviado"). Então ele foi, lavou-se e voltou enxergando[41]. Purifica--te e terás novamente — aperfeiçoada — uma visão luminosa, divina.

17   Deus exalta naquilo mesmo que humilha. Se a alma se deixar levar, se obedecer, se aceitar a purificação com integridade, se viver pela fé, verá com uma luz inesperada, diante da qual pensará depois com espanto que antes era cega de nascença. *E, voltando Jesus a falar ao povo, disse: Eu sou a luz do mundo; quem me segue não caminha nas trevas, mas terá a luz da vida*[42]. Em última análise, nossos conflitos também são um problema de humildade. Vê como o publicano ora no templo: *ele ficou longe, e por isso Deus se aproximou dele com mais facilidade. Não ousando levantar os olhos ao céu, já tinha consigo aquele que fez os céus... Estar longe, ou não estar, depende de ti. Ama, e ele se aproximará; ama, e ele habitará em ti*[43].

O obstáculo da aridez interior

18   Talvez algum dia, meu filho, me digas que te sentes cansado e frio quando cumpres as Normas;

---
41   Jo 9, 6-7.
42   Jo 8, 12.
43   Santo Agostinho de Hipona, *Sermo* 21, 2 (CChr.SL 41, p. 278).

que te parece estar fazendo uma comédia. Essa comédia é uma grande coisa, filho. O Senhor está brincando conosco como um pai brinca com seus filhos. Deus é eterno, e tu e eu, diante de Deus, somos crianças pequeninas. *Ludens in orbe terrarum*[44]: estamos brincando diante de Deus Nosso Pai, e Deus brinca conosco como os pais brincam com seus filhos.

Se em algum momento — perante o esforço, perante a aridez — passar por nossa cabeça o pensamento de que *fazemos uma comédia*, temos de reagir assim: chegou a maravilhosa hora de fazer uma comédia humana com um espectador divino. O espectador é Deus: o Pai, o Filho, o Espírito Santo, a Santíssima Trindade. E, com Deus nosso Senhor, estarão nos contemplando a Mãe de Deus e os anjos e santos de Deus.

Não podemos abandonar nossa vida de piedade, a nossa vida de sacrifício, a nossa vida de amor. Fazer a comédia diante de Deus, por amor, para agradar a Deus, quando se vive *na adversidade*, é ser um jogral de Deus. É bonito — não duvides — fazer comédia por Amor, com sacrifício, sem qualquer satisfação pessoal, para agradar o Senhor, que brinca conosco. Viver de amor, sem mendigar compensações terrenas, sem procurar pequenas infidelidades

---
[44] Pr 8, 31.

miseráveis, sentir-se orgulhoso e bem pago só com isso: transformar a prosa ordinária em decassílabos de poema heroico.

Obras são amores. *Quem recebeu os meus mandamentos e os guarda, esse é o que me ama; e quem me ama será amado por meu Pai e eu o amarei, e eu mesmo me manifestarei a ele*[45]. Se o Senhor nos dá, às vezes, a sua graça e nos faz compreender *seus julgamentos incompreensíveis*[46], que são mais doces que o mel e o favo[47], isso não acontece normalmente; devemos cumprir nosso dever não porque ele nos agrade, mas porque temos essa obrigação. Não temos de trabalhar porque nos apetece, mas porque Deus o quer: e então deveremos trabalhar de boa vontade. O amor alegre, que torna a alma feliz, fundamenta-se na dor, na alegria de ir contra as nossas inclinações, para prestar um serviço ao Senhor e à sua Santa Igreja.

O obstáculo das tentações

20   *Porque foste aceito por Deus, era necessário que a tentação te provasse*[48]. Não te esqueças de que o Senhor é o nosso modelo; e é por isso que, sendo Deus, permitiu que o tentassem, para que nos enchêssemos de determinação, para que — com

---
45 Jo 14, 21.
46 Rm 11, 33.
47 Cf. Sl 19 [18], 11.
48 Tb 12, 13.

Ele — tivéssemos a certeza da vitória. Caso sintas a trepidação em tua alma, nesses momentos fala com o teu Deus e diz-lhe: *tem misericórdia de mim, Senhor, porque todos os meus ossos tremem, e a minha alma está toda perturbada*[49]. Será Ele quem vai te dizer: *não temas, porque eu te redimi e te chamei pelo teu nome: tu és meu*[50].

Não te perturbes por te conheceres tal como és: assim, feito de barro. Não te preocupes. Porque tu e eu somos filhos de Deus — e este é o bom endeusamento —, escolhidos por uma chamada divina desde toda a eternidade: *o Pai nos escolheu, por Jesus Cristo, antes da criação do mundo, para que fôssemos santos em sua presença*[51]. Nós, que somos especialmente de Deus, seus instrumentos apesar da nossa pobre miséria pessoal, seremos eficazes se não perdermos a humildade, se não perdermos a consciência da nossa fraqueza. As tentações nos dão a dimensão de nossa própria fraqueza.

Uma coisa é pensar ou sentir, outra é consentir. A tentação pode ser facilmente rejeitada: *até mesmo o mínimo grau de graça é suficiente para resistir a qualquer concupiscência e merecer a vida eterna*[52].

---

[49] Sl 6, 3-4.
[50] Is 43, 1.
[51] Ef 1, 4.
[52] S.Th. III, q. 62, a. 6 ad 3.

O que não se deve fazer de forma alguma é dialogar com as paixões, que querem transbordar.

Vence-se a tentação com a oração e a mortificação: *quando me afligiam, vesti-me de pano de saco, submetendo minha alma ao jejum, e repeti as orações em meu peito*[53]. Aplicai esta convicção em vossa vida de entrega: que, se nós formos fiéis, poderemos fazer muito bem ao mundo. Sede fortes, rijos, íntegros, impassíveis aos falsos atrativos da infidelidade.

Assim podemos dizer, com o salmista: *Fui compelido e perturbado, e estava prestes a cair, mas o Senhor me sustentou*[54]. Nós te amamos, Senhor, porque, quando chega a tentação, tu nos dás a ajuda da tua fortaleza — da tua graça — para que sejamos vitoriosos. Agradecemos, Senhor, por permitires que sejamos provados, para que sejamos humildes.

22 Quero agora prevenir-vos contra um conflito psicológico. Anos atrás dizia-me um bom frade, prudente e piedoso: não se esqueça de que, quando as pessoas chegam aos quarenta anos, os casados querem *descasar*; os frades, tornar-se sacerdotes; os médicos, advogados; os advogados, engenheiros; e assim por diante: é como uma hecatombe espiritual.

As coisas não acontecem exatamente como dizia aquele religioso, ou ao menos não são uma regra

---

53 *Sl* 35 [34], 13.
54 *Sl* 118 [117], 13.

tão geral. Mas quero que meus filhos saibam desse possível mal e que fiquem prevenidos, mesmo que muito poucos passem por essa crise. Se algum dos vossos irmãos passar por essa angústia, tereis de ajudá-lo: rejuvenescendo e revigorando sua piedade, tratando-o com carinho especial, dando-lhe um trabalho agradável. Não acontecerá precisamente aos quarenta anos; mas pode ser aos quarenta e cinco. E será necessário procurar que tenha uma temporada de distensão: e não o faremos com quatro, mas com todos eles.

Sendo muito crianças diante de Deus, não podemos ficar infantilizados. Chega-se à Obra em idade conveniente para saber que temos os pés de barro, para saber que somos de carne e osso. Seria ridículo percebê-lo em plena maturidade de vida: como uma criança de meses, que descobre maravilhada suas próprias mãos e pés. Viemos para servir a Deus, conhecendo toda a nossa pequenez e fraqueza, mas, se nos entregamos a Deus, o Amor impedirá que sejamos infiéis.

Por outro lado, ser desleais, agarrar-se então a um amor da terra, podeis ter a certeza de que isso significaria o início de uma vida muito amarga, cheia de tristeza, vergonha, dor. Meus filhos: afirmai-vos nesta resolução de jamais vender a primogenitura, de não a trocar, com o passar dos anos, por um prato de lentilhas[55]. Seria uma grande pena dilapidar assim tantos anos de amor sacrificado. Dizei: *jurei guardar os decretos da tua justiça e quero cumprir o meu juramento*[56].

Deus, que sempre recompensa a nossa fidelidade e nos recorda o *omnia in bonum*[57], adverte-nos ao mesmo tempo contra o perigo constante da vaidade, segundo aquelas palavras de Santo Agostinho: *Para quem assim ama a Deus, tudo contribui para o seu maior bem: Deus dirige absolutamente todas as coisas para seu proveito, de modo que mesmo aqueles que se desviam e se excedem são levados a progredir na virtude, porque se tornam mais humildes e experientes. Aprendem que no próprio caminho da vida justa devem regozijar-se com alegria e tremor, sem atribuir presunçosamente a si mesmos a segurança com que caminham ou dizer em tempos de prosperidade: nunca mais cairemos*[58].

O obstáculo do desânimo

24   Todos nós cometemos erros, embora tenhamos passado anos e anos lutando para os superar. Quando o resultado da nossa luta ascética é o desânimo, é porque somos soberbos. Devemos ser humildes,

---

55   Cf. *Gn* 25, 29-34. [N. do E.]
56   Cf. *Gn* 25, 29-34. [N. do E.]
57   Cf. *Rm* 8, 28. [N. do E.]
58   Santo Agostinho de Hipona, *De correptione et gratia liber unus*, c. 9, 24 (CSEL 92, p. 247).

com desejo de ser fiéis. É verdade que *servi inutiles sumus*[59]. Mas, com estes servos inúteis, o Senhor fará grandes coisas no mundo, se fizermos algo da nossa parte: o esforço de levantar a mão para nos agarrarmos à que Deus — com a sua graça — nos estende do céu.

Só os soberbos se surpreendem ao ver que têm pés de barro. Um ato de contrição e de desagravo, e adiante. Reconheçamos que, além das faltas que temos na consciência, haverá outras que estão ocultas aos nossos olhos. Dor de amor, portanto, e — na intimidade dessa dor e dessa humildade — ousaremos dizer ao Senhor que também há muito amor em nossas vidas. Que, se a falta foi real, real é o amor que Ele mesmo deposita em nós, que nos permite servi-lO com todas as forças do nosso coração. Dizei frequentemente, como uma jaculatória, o ato de contrição de Pedro após as negações: *Domine, tu omnia nosti; tu scis, quia amo te!*[60]

25 Diga ao teu Anjo da Guarda — eu digo ao meu — que ele não queira olhar para os nossos erros, pois estamos doloridos, contritos. Que ele leve ao Senhor esta boa vontade que nasce em nossos corações como um lírio que floresceu no monturo.

---

[59] Lc 17, 10.
[60] Jo 21, 17; "*Domine, tu omnia nosti; tu scis, quia amo te*": "Senhor, tu sabes tudo. Tu sabes que eu te amo."

Não admitais o desânimo por causa das vossas misérias pessoais ou pelas minhas, por causa das nossas derrotas. Abri o coração, sede simples: continuemos trilhando o caminho, com mais carinho, com a força que Deus nos dá, porque Ele é a nossa fortaleza[61].

Se amamos a nós mesmos de forma desordenada, há motivo para tristeza: quanto fracasso, quanta pequenez! A posse dessa nossa miséria deve causar tristeza, desânimo. Mas, se amamos a Deus sobre todas as coisas e amamos os outros e a nós mesmos em Deus e por Deus, quantos motivos de alegria! *É próprio da humildade que o homem, considerando seus próprios defeitos, não se envaideça. Porém não pertence à humildade, mas sim à ingratidão, o desprezo dos bens que recebeu de Deus. E desse desprezo provêm a preguiça e frouxidão*[62], a falta de gosto pelas coisas espirituais, a tibieza, que é o sepulcro da vida interior.

Quando vos sentirdes desanimados ao experimentar — talvez de modo particularmente vivo — a vossa própria miséria, será o momento de vos abandonardes por completo, com docilidade, nas mãos de Deus. Dizem que um dia um mendigo foi ao encontro de Alexandre Magno para pedir uma esmola. Alexandre parou e ordenou que o tornassem senhor de cinco cidades. O pobre homem, confuso e atordoado, exclamou: eu não

---

61 Cf. *Sl* 43 [42], 2.
62 *S.Th.* II-II, q. 35, a. 1 ad 3.

pedia tanto! E Alexandre respondeu: tu pediste como quem és; eu te dou como quem eu sou.

Deus remedia nossa fragilidade

Das profundezas eu te invoco, ó Senhor. Ouve a minha voz: que os teus ouvidos estejam atentos à voz das minhas súplicas. Se guardardes, ó Senhor, a memória dos delitos, quem poderá sobreviver? Porém és indulgente e a tua lei me ajuda a reverenciar-te, Senhor. Em tuas promessas espero, minha alma confia no Senhor. Israel espera pelo Senhor mais do que as sentinelas noturnas esperam pela aurora; porque dEle vem a misericórdia e Sua redenção é copiosa. Ele, portanto, redimirá Israel de todas as suas iniquidades[63]. 26

Somos feitos de barro da terra — *de limo terrae*[64] —, de barro de moringa: frágil, quebradiço, inconsistente. Mas já tereis visto como se consertam essas vasilhas de cerâmica que se quebraram em pedaços: com grampos, para que continuem servindo. As vasilhas assim recompostas ficam ainda mais bonitas: possuem uma graça particular. Vê-se que serviram para alguma coisa. Se elas continuam servindo, são esplêndidas. Além disso, se essas vasilhas pudessem raciocinar, nunca teriam soberba. Não há nada de estranho no fato de se terem quebrado, e menos ainda de terem

---

63   Sl 130 [129], 1-8.
64   Gn 2, 7.

sido consertadas, especialmente se fosse algo insubstituível. E queres dizer-me, meu filho, com o que se pode substituir a alma?

Apesar das nossas pobres misérias pessoais, somos portadores de essências divinas de valor inestimável: somos instrumentos de Deus. E, como queremos ser bons instrumentos, quanto menores e mais miseráveis nos sentirmos com verdadeira humildade, tudo o que nos faltar será provido por Nosso Senhor: *o Senhor ordena os passos do homem e se compraz em seus caminhos. Se cair, não ficará prostrado: porque o Senhor lhe estende a sua mão*[65].

27 Talvez vos encontreis às vezes — não digo em coisas grandes, mas mesmo que fosse, o que porém não há de acontecer — perante a necessidade de viver em vossa vida pessoal a cena de Naim, narrada por São Lucas: *traziam um defunto para ser enterrado, filho único de sua mãe, que era viúva. Então, quando o Senhor a viu, movido de compaixão, disse-lhe: não chores. Aproximou-se e tocou no caixão; e os que o carregavam pararam. Então ele disse: menino, eu te ordeno, levanta-te. Imediatamente, o defunto levantou-se e começou a falar, e Jesus o entregou a sua mãe*[66].

A vida interior é isso: começar e recomeçar. A vida interior consiste em fazer muitos atos de contrição,

---

65 *Sl* 30[29], 2-5.
66 *Lc* 7, 12-15.

de amor e de reparação. *Quero louvar-te, ó Senhor, porque me puseste a salvo e não alegraste os meus inimigos com a minha dor. Senhor meu Deus, clamei a ti e tu me curaste. Ó Senhor, tiraste minha alma da sepultura, chamaste-me para a vida dentre aqueles que descem à cova. Cantai ao Senhor, vós, seus santos, e exaltai o seu santo nome*[67].

O obstáculo do fracasso

Outras vezes, estareis de mãos vazias. Será o momento de recomeçar, de ouvir, como Simão Pedro, o mandato de Cristo que se escuta de novo: *navega mar adentro e lança as tuas redes para pescar. Simão respondeu: Mestre, trabalhamos a noite toda e não pescamos nada; no entanto, sob tua palavra, lançarei a rede. E, tendo feito isso, apanharam tão grande quantidade de peixes que a rede se rompia. Então fizeram sinal aos companheiros da outra barca para virem ajudá-los. Eles vieram e encheram as duas barcas a tal ponto que quase afundaram. Vendo isso, Simão Pedro lançou-se aos pés de Jesus, dizendo: afasta-te de mim, Senhor, porque sou um homem pecador*[68].

Recordando a miséria de que somos feitos, tendo em conta os fracassos causados pela nossa soberba, perante a majestade desse Deus — de Cristo

---

67   Sl 30[29], 2-5.
68   Lc 5, 4-8.

pescador — devemos dizer o mesmo que Pedro: Senhor, sou um pobre pecador. E então — agora a vós e a mim, como outrora ao Apóstolo — Jesus Cristo repete o que também nos disse quando nos colocou em sua rede, ao nos chamar: *ex hoc iam homines eris capiens*[69]; doravante serás pescador de homens: com mandato divino, com missão divina, com eficácia divina.

29   Os teus pés de barro não se quebrarão, porque conheces a tua inconsistência e serás prudente, porque sabes bem que só Deus pode dizer: *qual de vós pode me acusar de pecado?*[70]

Quando chega a noite e eu faço o exame, e faço as contas e tiro a soma, a soma é: *pauper servus et humilis!*[71] Eu digo muitas vezes: *cor contritum et humiliatum, Deus, non despicies!*[72] Eu não digo isso com humildade de fachada. Se o Senhor vir que sinceramente nos consideramos servos pobres e inúteis, que nossos corações estão contritos e humilhados, não nos desprezará, mas nos unirá a Ele, à riqueza e ao grande poder de Seu Coração amabilíssimo. E teremos o bom endeusamento: o endeusamento de quem sabe que nada tem de bom que não seja

---

69   *Lc* 5, 10.
70   *Jo* 8, 46.
71   Himno *Sacris Sollemniis*. [N. do E.]
72   *Sl* 51[50], 19.

de Deus; que, por si mesmo, nada é, nada pode, nada tem.

Eis-me aqui, então; sou o Deus que anula os teus pecados e não se lembra deles. Vês? Não me lembrarei deles, diz, e isso é característico da clemência; mas tu deves recordá-los, para que deem ocasião de te corrigires. Paulo, embora soubesse disso, sempre se lembrava dos pecados que Deus havia esquecido, a ponto de dizer: não sou digno de ser chamado apóstolo, porque persegui a Igreja de Deus; e: Cristo veio ao mundo para salvar os pecadores, dos quais eu sou o primeiro. Ele não disse: eu era, mas eu sou. Perante Deus os pecados estavam perdoados, mas diante de Paulo a memória deles persistia. O que Deus havia anulado, ele mesmo divulgava... Deus o chama de vaso de eleição, e ele se chama o primeiro pecador. Se ele não havia esquecido seus pecados, pensa como ele se lembraria dos benefícios de Deus[73].

São Paulo é conhecido como o último dos apóstolos, mas também sente o mandato de evangelizar. Como tu e como eu. Tu saberás como és. De mim, posso dizer-te que sou uma pobre coisa, um pecador que ama Jesus Cristo. Pela graça de Deus não o ofendemos mais, mas me sinto capaz de cometer todas as coisas vis que qualquer outro homem tenha cometido.

---

[73] São João Crisóstomo, *Sermo non esse ad gratiam concionandum*, 4 (PG 50, cols. 658-659).

Por isso, se os outros — porque o Senhor, em sua bondade, não os deixa ver a nossa fragilidade — nos consideram melhores do que eles, nos elogiam e mostram desconhecer que somos pecadores, devemos pensar e meditar no fundo do nosso coração, com verdadeira humildade: *tamquam prodigium factus sum multis: et tu adiutor fortis*[74]; cheguei a ser, para muitos, como um prodígio; mas bem sei que tu, meu Deus, és a minha fortaleza.

O poder de Deus revela-se na fraqueza humana

31   *Para que a grandeza das revelações não me envaideça, foi-me dado o estímulo da carne, um anjo de Satanás, para me esbofetear. Três vezes pedi ao Senhor que o afastasse de mim, e ele me respondeu: basta-te a minha graça, porque o meu poder resplandece e alcança o seu fim por meio da fraqueza. Por isso, de bom grado me gloriarei em minhas fraquezas, para que o poder de Cristo faça em mim sua morada. Por isso, alegro-me em minhas enfermidades, nos ultrajes, nas necessidades, nas perseguições, nas angústias pelo amor de Cristo; pois quando sou fraco, então sou mais forte*[75].

---

[74]   *Sl* 71 [70], 7.
[75]   2 *Cor* 12, 7-10.

Deus, quando quer realizar uma obra, usa meios desproporcionados, para que se note que a obra é sua. É por isso que vós e eu, que conhecemos bem o peso esmagador da nossa mesquinhez, devemos dizer ao Senhor: ainda que eu me veja miserável, não deixo de compreender que sou um instrumento divino em tuas mãos. Jamais duvidei de que os trabalhos que fiz ao longo da minha vida a serviço da Santa Igreja não foram feitos por mim, mas pelo Senhor, ainda que tenha se servido de mim: *o homem não pode atribuir nada a si mesmo que não lhe tenha sido dado do céu*[76].

32. Consideremos algumas palavras do Evangelho de São João: *Simão Pedro diz-lhe: Senhor, para onde vais? Jesus respondeu: para onde eu vou, tu não podes seguir-me agora; seguir-me-ás depois. Pedro lhe diz: por que não posso seguir-te agora? Eu darei minha vida por ti. Jesus respondeu-lhe: darás a tua vida por mim? Em verdade, em verdade te digo: o galo não cantará sem que me tenhas negado três vezes*[77].

Por isso, quando com o coração em chamas dissermos ao Senhor que sim, que seremos fiéis a ele, que estamos dispostos a fazer qualquer sacrifício, lhe diremos: Jesus, com a tua graça; minha Mãe, com a tua ajuda. Sou tão frágil, cometo tantos erros,

---

76   Jo 3, 27.
77   Jo 13, 36-38.

tantos pequenos equívocos, que me vejo capaz — se tu me deixas — de cometer os grandes!

33   Humildes, meus filhos. Vede que Jesus Cristo beijou nossos pés quando beijou os dos primeiros doze. E Ele é quem é, e nós somos o que somos: pobres criaturas.

Se formos fiéis, se formos humildes, seremos limpos, mortificados, obedientes; seremos eficazes, em todo o mundo: quanto mais humildes, mais eficazes. Não viemos para mandar, mas para obedecer. Viemos para servir, como Jesus, que *non veni ministrari, sed ministrare*[78]. Meditai muitas vezes nas palavras do Batista: *Illum oportet crescere, me autem minui*[79]; convém que Ele cresça e que eu diminua.

Se queres ser grande, começa por ser pequeno; se queres construir um edifício que chegue até o céu, pensa primeiro em lançar o fundamento da humildade. Quanto maior a mole a ser levantada e a altura do edifício, mais fundo deve ser cavado o alicerce. E enquanto o edifício que se constrói se eleva até o alto, aquele que cava os alicerces desce até o mais profundo. Então o edifício, antes de subir, se humilha, e seu cume é erguido após a humilhação[80].

---

[78]   Mt 20, 28; "*non venit ministrari, sed ministrare*": "[o Filho do Homem] não veio para ser servido, mas para servir".
[79]   Jo 3, 30.
[80]   Santo Agostinho de Hipona, *Sermo* 69, 2 (PL 38, col. 441).

CARTA 2

Os defeitos são motivo de humildade. Para ser humildes, sinceridade com Deus. Sinceridade consigo mesmo

Não estranheis que eu vos diga que amo os vossos defeitos, desde que luteis para os eliminar, porque são motivo de humildade. Disse aquele que é o primeiro literato de Castela que a humildade é a base e o fundamento de todas as virtudes, e sem ela não há nenhuma que o seja[81].

Se queremos perseverar, sejamos humildes. Para sermos humildes, sejamos sinceros: sinceros com Deus, com nós mesmos e com aqueles que levam adiante a nossa alma: *ut probetis potiora, ut sitis sinceri et sine offensa in diem Christi*[82]; para que saibamos discernir o melhor e nos mantenhamos puros e sem tropeços até o fim. Assim perseveraremos.

Sinceros com Deus: é difícil, porque as pessoas tendem ao anonimato. As pessoas que têm uma função importante na vida pública costumam receber muitas cartas anônimas. Diante de Deus, há muitos homens que também querem permanecer no anonimato, que evitam encontrá-lO na oração pessoal e no exame.

---
[81] Cf. Miguel de Cervantes, *El coloquio de los perros* (*Novelas ejemplares*), ed. de Florencio Sevilla Arroyo, Alicante, Biblioteca Virtual Miguel de Cervantes, 2001, fol. 246v. [N. do E.]
[82] *Fl* 1, 10.

35 Quantos dos que ousam, na confusão da multidão, lançar um insulto grosseiro, uma vilania, à passagem do grande cortejo emudeceriam acovardados se estivessem sozinhos, frente a frente, a descoberto, assumindo a responsabilidade por seus atos! A insinceridade, que leva ao anonimato e à covardia, a evitar a responsabilidade pelos próprios atos, levanta a mão *desconhecida* em meio ao tumulto da rua para despedaçar — com uma pedrada — o vitral gótico de uma catedral. A razão cristã, que nos faz amar a liberdade e a responsabilidade pessoal de todos os homens, deve tornar-nos amigos de conhecermos a nós mesmos, a fim de aceitarmos as consequências dos nossos atos livres: o exame de consciência diário dar-nos-á o conhecimento próprio, a verdadeira humildade, e, como consequência, nos obterá do céu a perseverança.

Ó Senhor! tu me examinaste e me conheces, nada do meu ser está oculto a ti... Pois a palavra ainda não está na minha língua, e tu, meu Deus, já sabes de tudo... Onde eu poderia fugir do teu espírito? Para onde fugir da tua presença? Se eu subir ao céu, tu ali estás; se eu descer aos abismos, ali estás presente... Se eu disser: a escuridão me ocultará, a noite será minha luz ao meu redor, tampouco as trevas são densas para ti, e a noite brilharia como o dia, porque para ti as trevas e a luz são iguais[83].

---

83   *Sl* 139 [138], 1.4.7-8, 11-12.

Sinceros com nós mesmos. Ainda mais difícil. 36
Já ouvistes dizer que o melhor negócio do mundo seria comprar os homens pelo que realmente valem e vendê-los pelo que acham que valem. A sinceridade é difícil. A soberba violenta a memória, obscurece-a: e encontra uma justificativa para cobrir de bondade o mal cometido, que não se quer retificar; acumulam-se argumentos e razões que vão abafando a voz da consciência, cada vez mais fraca, mais confusa.

Como a vontade tende para o bem ou para o bem aparente, a vontade nunca se moveria para o mal se o que não é bom não aparecesse de algum modo como bom[84]. As paixões, ou a vontade desviada, forçam o entendimento, fazem-no concordar precipitadamente ou evitar a consideração de certos aspectos contrários, a fim de que abrace, antes, outros que favorecem — que adornam de bondade — aquela inclinação.

Sem humildade, deformam-se as consciências

Se não se é humilde, profundamente humilde, 37
é fácil chegar a deformar a consciência. Talvez em nossa vida, por fraqueza, possamos agir mal. Ideias claras, consciência clara, porém: o que não podemos é fazer coisas más e dizer que são santas.

---
84   *S.Th.* I-II, q. 77, a. 2 c.

Quanto menos humildade, mais graves são as consequências dessa deformação. Porque alguns chegam a não se conformar com essa tranquilização subjetiva da própria consciência; antes, sentem-se arautos de uma nova moral, missionários e profetas dessas reivindicações do mal, ao que difundem seus erros com o fervor de uma nova cruzada e arrastam atrás de si os fracos, que encontram nessas novas doutrinas a justificação de suas obras torpes, sentindo-se assim dispensados da dor da retificação, que — para os humildes — é um dever gozoso.

Não deis ouvidos ao que os profetas vos profetizam; eles vos enganam. O que vos dizem são visões deles, não procede da boca do Senhor. Eles dizem aos que zombam da palavra do Senhor: paz, tereis paz. E a todos aqueles que seguem os maus desejos de seus corações, eles dizem: nenhum mal virá sobre vós... Eles desorientam o meu povo com suas mentiras e suas jactâncias, embora eu não os tenha enviado; não lhes dei nenhuma missão e eles não fizeram bem algum ao meu povo, palavra do Senhor[85]. Se, depois de ler estas palavras da Escritura Santa, me disserdes que para uma alma comum é difícil discernir, eu vos darei um critério seguro: o amor à Santíssima Virgem, em primeiro lugar; e, depois, a obediência, que é a pedra de toque da verdadeira humildade.

---

85 Jr 23, 16-17, 32.

Sinceridade na direção espiritual

Viemos à Obra para ser santos. Não nos surpreendamos ao ver que ainda estamos longe de sê-lo. Por isso, admitiremos com simplicidade as nossas fraquezas, sem tentar revesti-las de retidão; evitando a soberba, que cega tremendamente e faz ver tudo ao contrário. Meus filhos, sede honestos com vós mesmos, sede objetivos. Desta forma, alcançaremos a eficácia da nossa dedicação. É difícil: é preciso ser humilde, escancarar o coração na direção espiritual, para arejar todos os recantos da alma.

Nossa ascética tem a simplicidade do Evangelho. Não devemos complicar nossas almas, deixando o coração escuro; não podemos entorpecer a ação do Espírito Santo, provocando em nossa vida uma solução de continuidade, que nos arranque — ainda que por pouco tempo — a simplicidade do coração e a sinceridade diante de Deus[86].

Se algo nos preocupa, dizemo-lo, estando precavidos contra o *demônio mudo*. Contai tudo, o pequeno e o grande, e assim vencereis sempre. Não se vence quando não se fala. É compreensível, porque aquele que se cala tem um segredo com Satanás, e é coisa má ter Satanás como amigo.

Sede sinceríssimos: não concedais deixar de dizer absolutamente nada; é preciso dizer tudo. Vede que,

---
[86] Cf. 2 *Cor* 1, 12.

caso contrário, o caminho se torna emaranhado; vede que, caso contrário, o que era nada acaba sendo muito. Recordai a história do cigano, que foi se confessar: Padre, acuso-me de ter roubado um cabresto... E atrás havia uma mula; e atrás, outro cabresto; e outra mula, e assim por diante até vinte. Meus filhos, o mesmo acontece com muitas outras coisas: ao ceder no cabresto, depois vem tudo, toda a fileira, vêm depois coisas que envergonham.

Quando pequeno, havia duas coisas que me incomodavam muito: beijar as senhoras amigas de minha mãe, que vinham nos visitar, e vestir roupas novas. Eu me metia debaixo da cama. Depois, minha mãe me dizia com carinho: *Josemaria, vergonha só para pecar*. Muitos anos depois, percebi que havia naquelas palavras uma razão muito profunda. O diabo tira a nossa vergonha para nos fazer errar e, depois, a devolve para que não contemos nossos erros. Talvez os mesmos erros dos quais outros se vangloriam — exagerando-os — em torno de uma mesa de café.

40 Sede muito sincero, insisto. E, quando vos acontecer alguma coisa que não quereis que se saiba, dize-o imediatamente — correndo — a quem vos pode ajudar, ao Bom Pastor. Essa decisão é lógica: suponhais que uma pessoa ande com uma grande pedra nas costas e com os bolsos cheios de pedrinhas que, todas juntas, pesam cem gramas.

CARTA 2

Se situamos essa pessoa em Madri, vamos supor que a distância que ela deve percorrer é a da Puerta del Sol até Cuatro Caminos. Ao chegar ao fim do trajeto, ela não tirará as pedrinhas do bolso uma a uma, ficando — enquanto isso — com a pedra grande às costas. Meus filhos, nós também. A primeira coisa que temos de jogar fora é o que pesa. Comportar-se de outra maneira é uma grande tolice e um princípio de insinceridade.

Não tenhais medo de nada nem de ninguém. Se vierem frutos amargos, dizei-o. Todo o remédio está em Deus: mesmo que tivesse sido um delito grande, enorme. Contai tudo; falai, pois assim se resolve. Aquele que vos ouça não se assustará com nada, porque sabe que também é feito de barro e que é capaz de cometer o mesmo desatino, se for desatino, porque na maior parte das vezes esses sofrimentos procedem de escrúpulos ou de uma consciência mal formada. Mais um motivo para falar claramente.

O medo dos que dirigem a nossa alma é a mais diabólica das tentações. O medo e a vergonha, que nos impedem de ser sinceros, são os maiores inimigos da perseverança. Somos feitos de barro; mas, se falarmos, o barro adquire a fortaleza do bronze. Guardai bem essas ideias, colocai-as em prática, e teremos garantida a tranquilidade no serviço a Deus, pois será muito difícil que nos confundamos.

Meus filhos, viemos à Obra para sermos santos no meio do mundo; para conseguir isso, devemos empregar todos os meios. Quando um doente vai a uma clínica para recuperar a saúde, se pedirem para tirar a roupa porque precisam examiná-lo e ele disser que não; se lhe perguntarem que sintomas tem e ele não quiser dizer... Essa pessoa teria de ser levada não a uma clínica, mas ao manicômio.

Devemos proporcionar a quem tem a missão de nos formar o conhecimento de todas as nossas circunstâncias pessoais; não podemos ter medo de que saibam como somos. Pelo contrário: deve nos dar alegria tornar a nossa alma transparente. Só assim, com esta sinceridade com Deus, convosco e com aqueles que vos formam, alcançaremos — na medida do possível e com a ajuda de Deus — a perfeição cristã, a perfeição humana, a perseverança no bem.

42 É preciso entregar-se de uma vez, sem reservas, corajosamente. Dizer ao Senhor: *ecce ego: quia vocasti me!*[87] Queimar as naus, para que não haja possibilidade de retrocessos; e essa possibilidade existirá enquanto tivermos na alma recantos a ocultar. Seria uma dor perder o caminho porque nos apetece, talvez por não falar, até quando as coisas *parecem* já não ter mais remédio. Se falarmos desde

---
87 *1 Rs* 3, 6.9.

o primeiro momento, tudo pode ser remediado com mais facilidade.

Em tempos de serenidade espiritual — de endeusamento bom —, fazei como os engenheiros, que represam as águas limpas que vêm abundantemente da montanha e, quando chega a estiagem, têm um bom reservatório para beber, para regar os campos, para produzir energia elétrica: luz e força. Agora que tendes claridade abundante, que tendes no coração esse desejo de ser fiéis, fazei o firme propósito de buscar essa clareza, invocando Nossa Santíssima Mãe Maria, se um dia o Senhor nos permitir pensar que estamos rodeados de trevas.

Fiéis até a morte

Meus filhos: tudo isso que nos propusemos resume-se a sermos leais em nossos pequenos deveres de cada momento, certos de fazer algo muito grande: nossa obrigação de cristãos dedicados a servir ao Senhor nesta vida que se vai, enquanto esperamos pela eterna. Porque *toda a carne é feno e toda a sua glória, como a flor do feno: o feno secou e sua flor caiu; mas a palavra do Senhor dura eternamente*[88]. 43

Pensai também que *statum est hominibus semel mori*[89], que só se morre uma vez. Alguns, na infância; outros, jovens, como vós; outros, em plena

---
88   *1 Pe* 1, 24-25.
89   *Hb* 9, 27.

maturidade; outros, quando chegaram a envelhecer. Não podemos perder o tempo, que é curto: devemos empenhar-nos verdadeiramente nesta tarefa da nossa santificação pessoal e do nosso trabalho apostólico, que o Senhor nos confiou: devemos *gastá-lo* fielmente, lealmente, administrar bem — com senso de responsabilidade — os talentos que recebemos, para realizar a Obra de Deus.

O chamado divino exige de nós fidelidade intangível, firme, virginal, alegre, indiscutível, à fé, à pureza e ao caminho: *quem perseverar até o fim será salvo*[90]; fiéis até o último momento, e assim seremos santos.

Fidelidade à fé

44   Àquela multidão que segue o Senhor, depois da multiplicação dos pães e dos peixes, Jesus disse: *em verdade, em verdade vos digo que me buscais, não por causa dos milagres que vistes, mas porque vos alimentei com aqueles pães até ficardes saciados*[91]. Os milagres que o Senhor realiza têm essa finalidade principal: revelar a sua divindade, para que tenhamos fé. *Então, perguntaram-lhe: o que faremos, para nos exercitarmos nas obras de Deus? Jesus respondeu: a obra de Deus é que creiais naquele que Ele vos enviou. Disseram-lhe:*

---

[90] Mt 24, 13.
[91] Jo 6, 26.

que milagres fazes, para que vejamos e acreditemos? Que coisas fazes?[92]

Se falta a vontade de crer, a disposição humilde da alma, não se veem os prodígios de Deus; a inteligência move-se num plano sem relevo, sem o sentido sobrenatural. Por isso, quando Jesus lhes fala do Pão da Vida, da Eucaristia, continuam pensando no pão da terra. *Disseram-lhe: Senhor, dá-nos sempre desse pão*[93]. E quando lhes propõe o mistério em que devem crer, em seus termos precisos, sem possibilidade de tergiversar seu conteúdo sobrenatural objetivo, quando lhes exige o ato de fé teologal — dando-lhes a graça suficiente para crer —, produz-se a debandada. *Desde então, muitos de seus discípulos deixaram de segui-lo e não andavam mais com ele. Por isso, Jesus disse aos doze: vocês também querem ir embora? Então, Simão Pedro lhe respondeu: Senhor, a quem iremos? Tu tens palavras de vida eterna. E nós conhecemos e cremos que tu és o Cristo, o Filho de Deus*[94].

Agora peço, para vós e para mim, a fé de Pedro, *quae per caritatem operatur*[95], que atua animada pela caridade. Uma fé viva, inquebrantável, sem vacilações, sem atenuar o seu conteúdo, sem qualquer sombra, operativa.

---

92 Jo 6, 28-30.
93 Jo 6, 34.
94 Jo 6, 67-70.
95 Gl 5, 6.

Fidelidade à pureza, por Amor

45   Amai a santa pureza, meus filhos: a nossa castidade é uma afirmação gozosa, uma consequência lógica da nossa entrega ao serviço de Deus, do nosso Amor. Poderíamos ter colocado toda a afeição de nosso coração numa criatura; mas, diante do chamado de Deus, nós a colocamos inteira, jovem, vibrante, limpa, aos pés de Jesus Cristo: *porque queremos mesmo* — que é uma razão muito sobrenatural — corresponder à graça do Senhor.

Permiti-me um aparte: devemos ter grande respeito e veneração pelo estado de casado, que é nobre e santo — *sacramentum hoc magnum est*[96], o matrimônio é um grande sacramento —, e nós o vemos como outro caminho vocacional, como uma maravilhosa participação no poder criador de Deus. Mas é doutrina certa de fé que, em si, é mais alta a vocação a um nobre e limpo celibato apostólico.

Seguiremos em frente, com a graça de Deus, não como anjos — pois isso seria uma desordem, porque os anjos têm outra natureza —, mas como homens limpos, fortes, normais! O que tantos fazem na terra por um lar, o que os nossos pais fizeram com uma vida de fidelidade cristã,

---

96   *Ef* 5, 32.

façamo-lo nós pelo Amor aos Amores. Amai muito, portanto, a santa pureza, invocai Nossa Mãe do Amor Formoso, Santa Maria, e perseveraremos — alegres e sobrenaturalmente fecundos — neste *Caminho* divino de nossa Obra.

Se algum dia sentis que esta graça que Deus nos deu está em perigo, não vos deveis surpreender, porque — como já vos disse — somos feitos de barro: *habemus autem thesarum istum in vasis fictilibus*[97]: um pote de barro para carregar um tesouro divino. Não te digo isso para agora: falo para o caso de que sintas alguma vez que teu coração vacila. Peço-te então, desde já, uma fidelidade que se manifeste no aproveitamento do tempo e em dominar a soberba, em tua decisão de obedecer abnegadamente, em teu empenho por subjugar a imaginação: em tantos pequenos, porém eficazes, detalhes que salvaguardam, e ao mesmo tempo manifestam, a qualidade da tua entrega.

Se em algum momento a luta interior se tornar mais difícil, será uma boa oportunidade para demonstrar que nosso Amor é verdadeiro. Para aqueles que começaram a saborear de alguma forma a entrega, cair vencido seria como um logro, um engano miserável. Não te esqueças daquele brado de São Paulo: *quis me liberabit de corpore mortis huius?*[98],

---

97   2 Cor 4, 7.
98   Rm 7, 24.

quem me livrará deste corpo de morte? E ouve em tua alma a resposta divina: *sufficit tibi gratia mea!*[99] Basta-te a minha graça!

O amor de nossa juventude, que com a graça de Deus demos generosamente, não iremos retirá-lo com o passar dos anos. A fidelidade é a perfeição do amor: no fundo de todos os dissabores que podem existir na vida de uma alma entregue a Deus, há sempre um ponto de corrupção e impureza. Se a fidelidade for íntegra e sem quebra, será alegre e incontestável.

Fidelidade à vocação

46 Deixai-me insistir: sede fiéis. É algo que trago cravado em meu coração. Se fordes fiéis, o nosso serviço às almas e à Santa Igreja se encherá de abundantes frutos espirituais. Não vos esqueçais — repito — que se pode cometer alguns erros na vida, mas isso não significa nada contra o caminho, nem contra o Amor: significa que, a partir de então, devemos ser mais prudentes. Ninguém pode raciocinar assim: como não posso suportar o peso de determinado dever, não cumprirei nenhum. É uma reação de soberba, é passar do endeusamento ao endiabramento. *Corruptio optimi pessima*, ensina

---

[99] 2 Cor 12, 9.

CARTA 2

o velho adágio escolástico: a corrupção do bom é péssima. Só a humildade — com a graça — pode impedir esta corrupção, esse curto passo do melhor ao pior. *Quando um espírito imundo sai de um homem, anda por lugares áridos, buscando um lugar para descansar, e não encontrando-o, diz: voltarei para a minha casa, de onde saí. E, vindo até ela, ele a encontra varrida e bem adornada. Então vai e leva consigo outros sete espíritos piores do que ele e, entrando nesta casa, fazem ali morada. Com isto, o último estado daquele homem se torna pior do que o primeiro*[100].

Abandonar tudo porque se deixou uma coisa para trás é um absurdo, não leva a lugar algum. É a lógica de um louco. Estamos carregando um tesouro, e se — por qualquer motivo — perdemos uma parte no caminho, ainda que considerável, isso não é motivo para jogar fora, com despeito, o que nos resta. A atitude mais sensata será tomar todas as precauções — agora também valendo-nos da nossa experiência — para não perder mais nada. Nas coisas da alma não há nada irremediavelmente perdido: o cuidado humilde e contrito com que procuramos conservar o que nos resta fará com que recuperemos — excedendo-o — o que perdemos. *Pois às vezes acontece que a intensidade do arrependimento do penitente é proporcional a um estado de graça maior do que aquele do qual ele caiu pelo pecado.*

---
[100] Lc 11, 24-26.

Por isso, o penitente levanta-se algumas vezes com mais graça do que tinha antes[101].

47   Aquele que permanece agarrado às sarças do caminho ficará por vontade própria, sabendo que será um infeliz por ter dado as costas ao Amor de Cristo. Volto a afirmar que todos nós temos misérias. No entanto, nossas misérias nunca deverão levar-nos a desconsiderar a chamada de Deus, e sim a acolhermos essa chamada, a nos metermos dentro dessa bondade divina, como os guerreiros antigos se metiam dentro de suas armaduras: aquele *ecce ego: quia vocasti me!*[102], aqui estou, porque me chamaste, é a nossa defesa. Não devemos ir contra a chamada de Deus, uma vez que temos misérias; e sim atacar as misérias, uma vez que Deus nos chamou.

Quando chegam a dificuldade e a tentação, o demônio mais de uma vez quer que raciocinemos assim: já que tens esta miséria, é sinal de que Deus não te chama, não podes continuar. Devemos estar atentos à falácia deste raciocínio e pensar: como Deus me chamou, apesar deste erro, com a graça do Senhor irei adiante.

Nossa entrega confere-nos como que um título — um direito, por assim dizer — às graças que convêm para sermos fiéis ao caminho que um

---
101 *S.Th.* III, q. 89, a. 2 c.
102 *1 Rs* 3, 6.9.

dia empreendemos, pois Deus nos chamou. A fé diz-nos que, quaisquer que sejam as circunstâncias pelas quais passemos, essas graças não faltarão se não renunciarmos voluntariamente a elas. Mas nós devemos cooperar: dentro dessa cooperação está o exercício da virtude da fortaleza, e uma parte da fortaleza é a paciência para suportar a prova, a dificuldade, a tentação e as próprias misérias. *Aquele que foi provado e se mostrou perfeito terá glória perdurável. Aquele que podia prevaricar e não prevaricou, fazer o mal e não o fez, tem seus bens assegurados no Senhor*[103].

Desde a eternidade o Criador nos escolheu para esta vida de entrega completa: *elegit nos in ipso ante mundi constitutionem*[104]; Ele nos escolheu antes da criação do mundo. Nenhum de nós tem o direito, aconteça o que acontecer, de duvidar de sua chamada divina: há uma luz de Deus, uma força interior dada gratuitamente pelo Senhor, que deseja que, juntamente com a sua Onipotência, esteja a nossa fraqueza; junto à sua luz, as trevas da nossa pobre natureza. Ele nos busca para corredimir, com uma moção precisa da qual não podemos duvidar: porque, junto com milhares de razões que já consideramos noutras ocasiões, temos um sinal externo: o fato de estarmos trabalhando com plena entrega em sua Obra, sem a

---
103 *Eclo* 31, 10-11.
104 *Ef* 1, 4.

mediação de um motivo humano. Se Deus não nos tivesse chamado, nosso trabalho com tanto sacrifício no Opus Dei nos tornaria dignos de um manicômio. Mas nós somos homens cordatos, e então há algo físico, externo, que nos assegura que essa chamada é divina: *veni, sequere me*[105]; vem, segue-me.

48 Tentemos ser leais ao longo de nossas vidas, e, se em algum momento sentirmos que não o somos, lutemos, peçamos ajuda a Deus, e assim venceremos, pois Deus não perde batalhas. Ponhamos todas as nossas misérias aos pés de Jesus Cristo, para que Ele triunfe: e vereis quão alto fica, e como nos ajudará a *divinizar* a nossa vida terrena.

A fraqueza humana acompanha-nos até nos melhores momentos, nos momentos mais sublimes de nossa existência. Temos — para que nada mais possa nos surpreender — o testemunho do Santo Evangelho. Na Última Ceia, naquele clima de efusão de amor e confidências divinas, na reunião dos íntimos, dos mais formados, dos prediletos: *facta est autem contentio inter eos, quis eorum videretur esse maior*[106]: começaram a discutir, a brigar entre si, sobre quem era o maior, o mais excelente.

Portanto, quando sentirmos em nós mesmos — ou nos outros — qualquer debilidade, não deveremos

---

105 *Lc* 18, 22.
106 *Lc* 22, 24.

mostrar surpresa: lembremo-nos daqueles que, com sua indiscutível fraqueza, perseveraram e levaram a palavra de Deus a todos os povos e foram santos. Estamos dispostos a lutar e a caminhar: o que importa é a perseverança.

Retificar cada dia um pouco

Constantes, alegres, retificando um pouco a cada dia, como fazem os navios em alto-mar para chegar ao porto. Os santos foram como nós: tiveram a boa vontade e a sinceridade de retificar na sua vida interior, na sua luta: com vitórias e derrotas, que às vezes são vitórias; buscando relacionar-se com Deus, que é esperança, que é fé, que é Amor. Nosso Deus está contente com essa nossa luta, que é um sinal seguro de que temos vida interior, desejo de perfeição cristã.

Lembrai-vos de quando João e Tiago se aproximaram de Jesus e disseram: *Mestre, gostaríamos que nos concedesse tudo o que lhe pedirmos. Ele disse-lhes: O que quereis que vos conceda? Concede-nos, eles responderam, que em tua glória possamos sentar um à tua direita e outro à tua esquerda. Jesus respondeu-lhes: Podeis beber o cálice que eu vou beber, ou ser batizado com o batismo com o qual eu vou ser batizado? Eles responderam:* **Possumus**, *podemos*[107]. O caminho da Glória passa pela estreiteza

---

[107] Cf. Mc 10, 35-39; "*possumus*": "podemos".

da morte. *Não sabeis que nós, que fomos batizados em Jesus Cristo, fomos batizados em virtude de sua morte? No Batismo fomos sepultados com Ele, morrendo para o pecado, a fim de que, assim como Cristo ressuscitou dos mortos para a glória do Pai, assim também nós procedamos segundo uma vida nova*[108].

Meus filhos, digamos com João e Tiago: *possumus! Omnia possum in eo qui me confortat*[109]; tudo posso naquele que me conforta. Enchei-vos de confiança, porque *aquele que começou a obra a aperfeiçoará*[110]: poderemos se cooperarmos, porque temos assegurada a fortaleza de Deus: *quia tu es, Deus, fortitudo mea*[111].

50   Nossa pedagogia é feita de afirmações, não de negações, e se reduz a duas coisas: agir com sentido comum e com sentido sobrenatural. Entre outras manifestações dessa pedagogia, há uma que pode ser assim expressa: muita confiança em Deus, confiança nos outros e desconfiança de nós mesmos. Não confieis facilmente no próprio juízo: como o metal precioso precisa ser provado — necessita da pedra de toque —, nós temos de ver se o nosso julgamento é ouro fino — no humano e no sobrenatural — levando em conta o parecer dos

---

108   Rm 6, 3-4.
109   Fl 4, 13.
110   Fl 1, 6.
111   Sl 43 [42], 2; "*quia tu es, Deus, fortitudo mea*": "porque tu és, Deus, a minha fortaleza".

outros, sobretudo daqueles que têm graça de estado para nos ajudar. É por isso que devemos ter a boa disposição de retificar o que tenhamos afirmado anteriormente. Retificar não é uma humilhação: é um ato cheio de retidão, que está dentro daquela pedagogia sobrenatural.

O bem sobrenatural de uma só pessoa é melhor do que o bem natural de todo o universo[112]. Devemos pedir a Deus que coloque sempre essa fé e visão sobrenatural em nossa inteligência, que confira uma hierarquia objetiva às nossas ideias, aos nossos afetos e às nossas obras. É preciso pedir esse critério, porque é um dom de Deus.

Contemplai, comigo, o que escreve São João: *Jesus chegou à cidade da Samaria, chamada Sicar, próxima à herdade que Jacó deu a seu filho José. Ali estava a fonte de Jacó. Jesus, cansado da viagem, sentou-se na beira do poço*[113]. É comovente ver o Senhor cansado. Ele também está com fome: os discípulos foram ao povoado vizinho buscar algo para comer. E tem sede: *uma mulher samaritana veio tirar água. Jesus disse-lhe: dá-me de beber*[114]. Depois, toda aquela conversa encantadora, em que a alma sacerdotal de Cristo se derrama, solícita, para recuperar a ovelha perdida:

---
112 S.Th. I-II, q. 113, a. 9 ad 2.
113 Jo 4, 5-6.
114 Jo 4, 7.

esquecendo o cansaço e a fome e a sede. *Enquanto isso, os discípulos insistiam com ele dizendo: Mestre, coma. Mas Ele lhes diz: Tenho um manjar para comer que vocês não conhecem. Os discípulos diziam uns aos outros: Será que alguém lhe trouxe algo para comer? Disse-lhes Jesus: A minha comida é fazer a vontade daquele que me enviou, e cumprir a sua obra*[115].

Jesus Cristo, *perfectus Deus, perfectus homo*[116], apresenta-se à nossa consideração para que fiquemos serenos diante das exigências limpas de nossa pobre natureza, para que saibamos esquecê-las ou — pelo menos — colocá-las em segundo plano diante do bem das almas — de todas as almas —, para nos estimular a dar cumprimento à Obra que Deus nos confiou e que saibamos amar a sua santíssima vontade, alimentando-nos sempre desse desejo.

Fé na misericórdia de Deus

52   Uma única palavra do Senhor, e a figueira sem fruto ficou seca até a raiz. Os discípulos ficam maravilhados, e Jesus diz-lhes: *tende confiança em Deus. Em verdade vos digo que qualquer um que diga a este monte: Sai daí e lança-te ao mar, não vacilando em seu coração, mas acreditando que tudo quanto disser será feito, assim se fará. Portanto, garanto que tudo o*

---
[115] *Jo* 4, 31-34.
[116] *Symbolum Quicumque pseudo-Athanasianum*, 32 (DH n. 75); "*perfectus Deus, perfectus homo*": "perfeito Deus e perfeito homem".

que pedirdes na oração, tende fé em consegui-lo, e vos será concedido[117].

A fé será a fonte inesgotável da nossa fecundidade apostólica: *do seio daquele que crer em mim manarão rios de água viva, como diz a Escritura*[118]. Mas deve ser — a nossa — uma fé cheia de fidelidade leal ao Magistério do Romano Pontífice.

O Senhor acabara de curar os mudos, os cegos, os coxos, os enfermos e muitos outros que se apresentaram a Ele; e ouvi o que ele diz: *tenho compaixão desta multidão, porque já faz três dias que perseveram comigo e não têm o que comer*[119]. O coração de Jesus Cristo está cheio de amor e se compadece daquelas pessoas que o seguem por três dias!

Tende em conta, também, que alguns daqueles homens seguiam o Senhor como quem vai atrás de um curandeiro ou de um homem poderoso da terra, para obter os seus favores ou — não faltam provas, na Sagrada Escritura, desta intenção — *ut caperent eum in sermone*[120], para pegar uma palavra dEle e retorcê-la. Se para aqueles que eram assim, por três dias de perseverança, Jesus realiza o grande milagre da multiplicação dos pães, pensai o que

53

---

117 Mc 11, 22-24
118 Jo 7, 38.
119 Mt 15, 32.
120 Lc 20, 20.

não fará por nós. Nos momentos de dificuldade, quando sentirdes vossa indigência, recorrei com confiança ao Senhor, abandonai-vos em suas mãos e dizei-lhe que o seguimos com amor e sacrifício há mais de três dias.

54 Crescei na fé, diante dos obstáculos próprios ou alheios. Vede como se comporta o centurião, conforme narra São Lucas: *estando já perto da casa, o centurião mandou-lhe dizer por intermédio dos seus amigos: Senhor, não te incomodes com isso, porque eu não mereço que entres na minha casa. Por isso, não me considerei digno de sair pessoalmente para procurar-te; mas dize apenas uma palavra, e meu servo será curado*[121].
As dificuldades, as contrariedades desaparecem assim que nos aproximamos de Deus na oração. Conversemos humilde e francamente com Jesus, tendo em conta que *quem o trata com simplicidade, vai confiante*[122], e logo se fará a luz, virão a paz e a serenidade e a alegria. E nos sentiremos felizes, mesmo quando ainda se note o barro nas asas. Depois, mortificação, penitência, e esse barro cairá; e voaremos como águias nas alturas da fé e das obras.
Como aquele homem de quem nos fala o Eclesiástico, nós devemos *madrugar pela manhã, para dirigir o nosso coração ao Senhor que nos criou, para*

---
[121] Lc 7, 6-7.
[122] Pr 10, 9.

CARTA 2

orar em presença do Altíssimo. Abriremos nossas bocas em oração e rogaremos o perdão pelos nossos pecados; e, se agradar ao Senhor soberano, ele nos encherá com o espírito de inteligência. Como a chuva, o Senhor derramará palavras de sabedoria e em oração louvaremos ao Senhor. Dirijamos nossa vontade e nossa inteligência para meditar nos mistérios de Deus. Publiquemos os ensinamentos de sua doutrina[123].

A oração nos dará o endeusamento bom, humilde, santo; e poderemos trabalhar em todos os ambientes, sem nenhum perigo. *Da, quaesumus, omnipotens Deus: ut, quae divina sunt, iugiter exsequentes, donis mereamur caelestibus propinquare*[124]: por esse seguimento contínuo e perseverante do divino, o Senhor nos dará a mãos cheias a riqueza de seus dons, a boa divinização. *Da nobis, quaesumus, Domine: perseverantem in tua voluntate famulatum; ut in diebus nostris, et merito et numero populus tibi serviens augeatur*[125]. Perseveremos no serviço de Deus e veremos como este exército de paz, este povo da corredenção, cresce em número e em santidade.

---

123 *Eclo* 39, 6-11.

124 *Missale romanum* (de São Pio V), *Feriae III post Dominicam I Passionis, Postcommunio.* "*Da, quaesumus* [...] *caelestibus propinquare*": "Outorga-nos, Deus todo-poderoso, que, cumprindo sempre os divinos mandatos, mereçamos alcançar os dons celestiais".

125 *Missale romanum* (de São Pio V), *Feriae III post Dominicam I Passionis, Oratio super populum.* "*Da nobis, quaesumus, Domine* [...] *serviens augeatur*": "Suplicamos, Senhor, nos concedas servir-te constantemente segundo a tua vontade, para que em nossos dias o povo fiel aumente em mérito e em número". [T. do E.]

É sempre possível chegar a ser santos

55   Meus filhos, para a frente com alegria, com esforço: nada no mundo nos deterá, desde que sirvamos ao Senhor, porque tudo é bom para os que amam a Deus: *diligentibus Deum, omnia cooperantur in bonum*[126]. Na vida tudo tem conserto, menos a morte, e para nós a morte é a vida. Nada tem importância se houver sinceridade, sentido sobrenatural e bom humor: nada está perdido nunca. Barrabás era um homicida e revoltoso, e a Morte de Cristo — vida por Vida — o salva da morte. Dimas era um ladrão, um delinquente: e uma palavra humilde de arrependimento, uma oração simples e confiante, e Jesus — vida por Vida — o salva da morte eterna. Retifica, pois nunca é tarde para retificar; mas retifica imediatamente, meu filho!

Pessoas muito diferentes vêm e virão ao Opus Dei: pessoas de todos os tipos. Algumas chamadas também *por volta da undécima hora*[127], como aqueles trabalhadores da vinha. Dar-me-á grande alegria ver chegar à Obra, chamado por Deus, um homem no fim da sua vida: talvez uma alma que passou anos e anos afastada de Jesus Cristo. Sempre há lugar para um operário de última hora; e — se for fiel — receberá o prêmio da glória, talvez com

---
126 *Rm* 8, 28.
127 *Mt* 20, 9.

apenas alguns minutos de amor, atado voluntariamente à cruz de mãos e pés: pois a santidade não está em fazer muito, mas em amar muito. Um grande Amor nos espera no Céu: sem traições, sem enganos: todo o amor, toda a beleza, toda a grandeza, toda a ciência... E sem enjoar: saciar-nos-á sem saciar.

Sempre houve hereges — já existiam durante a vida dos Apóstolos — que tentaram tirar de nós essa esperança. *Se pregamos que Cristo ressuscitou dos mortos, como é que alguns de vós estão dizendo que não há ressurreição dos mortos? Porque, se não há ressurreição dos mortos, Cristo também não ressuscitou. Mas, se Cristo não ressuscitou, é vã a nossa pregação e também é vã a nossa fé. Se nós só tivermos esperança em Cristo enquanto durar nossa vida, seremos os mais infelizes de todos os homens*[128].

Suportemos todas as dificuldades desta nossa navegação no meio dos mares do mundo com a esperança do Céu: para nós e para todas as almas que queiram amar, a aspiração é chegar a Deus: à glória do Céu. Se não, nada de nada vale a pena. Para ir para o Céu, devemos ser fiéis. E, para sermos fiéis, devemos lutar, seguir em frente em nosso caminho, mesmo quando caiamos de bruços alguma vez: com Ele nos levantaremos.

---

[128] *1 Cor* 15, 12-14.19.

Responsáveis pela santidade dos outros

56   Não estamos sozinhos. *Vae soli*[129]: infelizes os que estão sós. Procuremos que não nos falte o senso de responsabilidade, sabendo que somos elos da mesma corrente. Por isso — cada um dos filhos de Deus em sua Obra o deve dizer verdadeiramente — quero que esse elo que sou não se rompa: porque, se me romper, trairei a Deus, a Santa Igreja e os meus irmãos. E nos regozijaremos com a força dos outros elos; ficarei feliz por haver elos de ouro, de platina, cravejados de pedras preciosas. Nenhum filho de Deus está sozinho, nenhum é um verso solto: somos versos de um mesmo poema épico, divino, e não podemos romper essa unidade, essa harmonia, essa eficácia.

Tendes de ser vitoriosos em vossas misérias, tornando os outros vitoriosos. Juntos, me ajudareis a perseverar. Com erros, que todos nós temos e que — quando os reconhecemos, pedindo perdão ao Senhor — tornam-nos humildes e merecedores de dizermos, com a Igreja: *felix culpa!*[130]

Assim alcançaremos a serenidade, ajudar-nos-emos a querer e a viver nossa própria santidade e a dos outros; e teremos aquela fortaleza que é a fortaleza das cartas do baralho, que não podem se sustentar

---
129   *Qo* 4, 10.
130   Cf. *Missale romanum*, Pregão pascal ou *Exsultet*.

sozinhas, mas que, apoiando-se umas nas outras, podem formar um castelo que se mantém em pé. Deus conta com nossas fraquezas, com nossa debilidade e com a debilidade dos outros; mas conta também com a fortaleza de todos, se a caridade nos unir. Amai a bendita correção fraterna, que assegura a retidão do nosso caminhar, a identidade do bom espírito: *vai e corrige-o a sós. Se te ouvir, terás ganho o teu irmão*[131].

Tenhamos um coração grande, para amar todas as criaturas da terra com seus defeitos, com seus modos de ser. Não esqueçamos que, às vezes, é preciso ajudar as almas para que caminhem pouco a pouco; temos de estimulá-las com paciência para que avancem lentamente, de modo que mal percebam o movimento, embora estejam caminhando.

Em nossa semeadura de paz e de alegria será necessário difundir, promover e defender a legítima liberdade pessoal dos homens; o dever que cada homem tem de assumir a responsabilidade que lhe corresponde nas tarefas terrenas; a obrigação de defender também a liberdade dos outros, assim como a própria, e de compreender todos; a caridade de aceitar os outros como são — porque cada um de nós tem culpas e erros —, ajudando-os com a graça de Deus e com garbo humano a superar esses defeitos, para que todos possamos sustentar-nos e portar com dignidade o nome de cristãos.

---
[131] *Mt* 18, 15.

57a Existem muitas almas ao vosso redor, e não temos o direito de ser obstáculo ao seu bem espiritual. Temos a obrigação de buscar a perfeição cristã, de ser santos, de não defraudar, não só a Deus pela escolha da qual nos fez objeto, mas também todas essas criaturas que tanto esperam do nosso trabalho apostólico. Também por motivos humanos: inclusive por lealdade, esforçamo-nos por dar bom exemplo. Se um dia tivermos a infelicidade de que as nossas obras não sejam dignas de um cristão, pediremos ao Senhor a sua graça para retificar.

57b Devemos ser — na massa da humanidade — fermento; e precisamos de santidade: remediar os erros do passado, dispor-nos com humildade de coração a praticar as virtudes, em nossa vida ordinária. Se vivermos assim, seremos fiéis. Que alegria poder dizer, ao chegar ao exame da noite: Senhor, eu não me ocupei de mim mesmo o dia todo, pois estive sempre ocupado em servir a ti, servindo aos outros por Amor a ti!

Unidos ao Senhor

58 Sozinhos, nada podemos fazer de proveito, porque teremos cortado o caminho das relações com Deus: *sine me nihil potestis facere*[132]; sem mim,

---

[132] Jo 15, 5.

nada podeis fazer. Porém, unidos ao Senhor, tudo podemos: *omnia possum in eo qui me comfortat*[133]; poderemos tudo naquele que nos confortará, mesmo que tenhamos equívocos e erros, se lutarmos para não os ter.

Certa vez, um conhecido meu — que sempre me surpreende — sonhou que estava num avião a grande altura, mas não dentro, porém sobre a asa: e sofria terrivelmente. Nosso Senhor fazia-lhe compreender que é assim que as almas sem vida interior vão pelas alturas do apostolado, com o perigo constante de vir abaixo, sofrendo, inseguras.

Esta vida é uma luta, uma guerra, uma guerra de paz, que é preciso travar sempre *in gaudio et pace*. Teremos essa paz e essa alegria se formos homens — ou mulheres — da Obra, o que quer dizer: sinceramente piedosos, cultos — cada um em sua tarefa —, trabalhadores, esportistas na vida espiritual: *não sabeis que dos que correm no estádio, mesmo que todos corram, só um ganha o prêmio? Correi, de tal forma que o ganheis. Todos aqueles que têm de lutar na arena observam em tudo uma continência exata, sendo apenas para alcançar uma coroa perecível, enquanto nós esperamos por uma coroa eterna*[134].

59

---

133 *Fl* 4, 13.
134 *1 Cor* 9, 24-25.

Por isso, somos almas contemplativas, em diálogo constante, relacionando-nos com o Senhor em todas as horas: desde o primeiro pensamento do dia até o último pensamento da noite; porque estamos enamorados e vivemos do Amor, colocamos continuamente o nosso coração em Jesus Cristo Nosso Senhor, chegando a Ele por sua Mãe, Santa Maria, e, por Ele, ao Pai e ao Espírito Santo.

Se em algum momento aparecer a intranquilidade, a inquietação, o desassossego, aproximar-nos-emos do Senhor e lhe diremos que nos colocamos em suas mãos, como uma criança pequena nos braços de seu pai. É uma entrega que supõe fé, esperança, confiança, amor.

Posso dizer que quem cumpre nossas Normas de vida — que aquele que luta para as cumprir —, tanto na saúde como na doença, na juventude e na velhice, quando há sol e quando há tempestade, quando não lhe custa observá-las e quando lhe custa, esse meu filho está predestinado, se perseverar até o fim: estou certo de sua santidade.

Nosso Deus ama as criaturas de tal maneira — *deliciae meae esse cum filiis hominum*[135], minhas delícias são estar com os filhos dos homens — que, se em algum momento não soubemos ser fiéis ao Senhor, o Senhor, sim, esteve pendente de nós. Assim como uma mãe não leva em conta as provas de desafeto

---
135 Pr 8, 31.

CARTA 2

do filho tão logo o filho se aproxima dela com carinho, Jesus também não se lembra das coisas que não fizemos bem quando, por fim, nos aproximamos dele com carinho, arrependidos, limpos pelo sacramento da penitência.

Filiação divina, portanto. Com essa crença maravilhosa não perdemos a serenidade: para nos sentirmos seguros; para voltar, se nos desgarramos em alguma escaramuça desta luta diária — mesmo que tenha sido uma grande derrota —, pois por nossa fraqueza podemos nos desgarrar, e de fato nos desgarramos. Sintamo-nos filhos de Deus, para voltarmos a Ele com gratidão, certos de que seremos recebidos por nosso Pai do céu.

60

O Senhor fala-nos — se o quisermos ouvir, no fundo da nossa alma, por meio das pessoas e dos acontecimentos — como um Pai amoroso; e nos dá, sem espetáculo, a graça conveniente, a fim de termos as forças necessárias, inclusive a energia humana, para terminar as coisas com o mesmo entusiasmo com que as iniciamos. Por isso, o *endeusamento* que nos leva a perseverar, a viver cheios de confiança, a superar as dificuldades, já não é um grito de soberba. É um grito de humildade: uma forma de demonstrar nossa união com Deus, uma manifestação de caridade; é a nossa própria miséria que nos leva a refugiar-nos em Deus, a *nos endeusarmos*.

Tratar Jesus Cristo com confiança. Alegria na luta

61   Tratar a Deus, tocar a Deus. Vede como São Lucas nos conta a cura da hemorroíssa. *Jesus disse: Quem é que me tocou? Desculpando-se todos, Pedro respondeu com seus companheiros: Mestre, uma multidão de gente te comprime e sufoca e tu perguntas: quem me tocou?*[136]. De Cristo a vida flui em torrentes: uma virtude divina. Meu filho, tu lhe falas, o tocas, o comes todos os dias: o tratas na Santa Eucaristia e na oração, no Pão e na Palavra.

Há muitos anos, presenciei esta cena: um grupo de homens e, entre eles, um com muita fama popular. As pessoas paravam para contemplá-lo. Um menino saiu do meio da multidão, passou a mão na roupa do homem que todos admiravam e voltou com o rosto radiante, gritando: toquei-o!

Nós fazemos mais: temos amizade pessoal com Jesus Cristo. Nesse relacionamento está a base do nosso bom endeusamento. Na Sagrada Eucaristia e na oração está a cátedra na qual aprendemos a viver, servindo a todas as almas com um serviço alegre; a governar, também servindo; a obedecer livremente, querendo obedecer; a buscar a unidade respeitando a variedade, a diversidade, a identificação mais íntima.

---

[136] *Lc* 8, 45.

Os Atos dos Apóstolos descrevem, em poucas palavras, o ambiente da primeira comunidade cristã: *todos perseveravam nas instruções dos Apóstolos e na comunicação da fração do pão e na oração*[137]. Com a Fé, o Pão e a Palavra, perseveraremos, nos chamaremos vitoriosos e teremos todo o amor que nos espera no céu, depois de termos sido felizes na terra e de abrir caminhos de paz no meio do mundo para tantas almas de todas as nações.

Meus filhos, que estejais contentes. Eu estou, ainda que não devesse estar ao olhar para a minha pobre vida. Mas estou contente porque vejo que o Senhor nos procura mais uma vez, que o Senhor continua a ser nosso Pai; porque eu sei que vós e eu veremos que coisas é preciso arrancar, e nós as arrancaremos decididamente; que coisas é preciso queimar, e as queimaremos; quais coisas é preciso entregar, e nós as entregaremos.

Mãe minha: a estes filhos e a mim, dai-nos o bendito dom da humildade na luta, que nos fará sinceros; a alegria de nos sentirmos tão metidos em Deus, endeusados. A alegria sacrificada e sobrenatural de ver toda a pequenez — toda a miséria, toda a debilidade da nossa pobre natureza humana, com as suas fraquezas e defeitos — disposta a ser fiel à graça do Senhor, e assim ser instrumento de coisas grandes.

62

---
137 *At* 2, 42.

Dizei comigo: Senhor, sim, com a ajuda de Nossa Mãe do Céu, seremos fiéis, seremos humildes, e nunca esqueceremos que temos pés de barro e que tudo o que brilha em nós é teu, é graça, é essa divinização que tu nos dás porque queres, porque és bom: *confitemini Domino quoniam bonus*[138]; louvai ao Senhor, porque ele é bom.

63 Não há tempestade que possa fazer naufragar o coração da Virgem Mãe de Deus. Cada um de nós, quando vierem as tempestades, lutemos e, para estar seguros, acolhamo-nos sob o refúgio firme do Coração dulcíssimo de Maria. Ela, a Virgem Santíssima, é a nossa segurança, é a Mãe do Amor Formoso, a Sede da Sabedoria; a Medianeira de todas as graças, aquela que nos conduzirá pela mão ao seu Filho, Jesus.

Meus filhos: quando estiverdes tristes e quando estiverdes alegres; quando as vossas misérias forem mais ou menos aparentes e quando vos pesarem mais, recorrei sempre a Maria, porque ela jamais nos abandonará, neste caminho de serviço ao seu Filho Jesus, no meio do mundo.

Santa Maria, Mãe de Deus, Mãe nossa, que tanto sabes das misérias dos teus filhos, os homens. Santa Maria, Poder Suplicante: perdão por nossa vida; pelo que houve em nós que deveria ter sido luz e foram

---
[138] *Sl* 106 [105], 1.

trevas; pelo que deveria ter sido força e foi fraqueza; pelo que deveria ter sido fogo e foi tibieza. Já que conhecemos a pouca qualidade da nossa vida, ajuda-nos a ser diferentes, a ter contigo — como filhos teus — esse bom ar de família.

Uma benção do vosso Padre.

Madri, 24 de março de 1931

CARTA 3

[Sobre a missão do cristão na vida social; seu *incipit* latino é *Res omnes*. Tem a data de 9 de janeiro de 1932, e consta que foi impressa pela primeira vez em janeiro de 1966.]

1 Tudo o que é ou parece novo, refira-se quer à doutrina, quer ao modo de comunicá-la aos homens e à maneira de levá-la à prática, deve abrir um novo caminho — pelo menos em aparência —, mesmo que aquilo que ensine ou faça corresponda por completo ao reto saber cristão e à tradição.

Por isso, convém que eu vos diga mais uma vez que a Obra não vem inovar nada e muito menos reformar qualquer coisa da Igreja: aceita com fidelidade tudo quanto a Igreja indica como certo na fé e na moral de Jesus Cristo. Não queremos nos libertar das travas — santas — da disciplina comum dos cristãos. Queremos ser, pelo contrário, com a graça do Senhor — que Ele me perdoe esta aparente falta de humildade —, os melhores filhos da Igreja e do Papa.

Para alcançar esta meta é necessário amar a liberdade. Evitai esse abuso, que parece exasperado em nossos tempos — é evidente e continua a se manifestar de fato nas nações de todo o mundo — e que revela o desejo, contrário à legítima independência dos homens, de obrigar todos a formar um único grupo naquilo que é opinável, de criar dogmas doutrinais temporais; de defender esse falso critério com tentativas e propagandas de natureza e substância escandalosas, contra os que têm a nobreza de não se submeter.

Cristo no cume de todas as atividades humanas

2 *Instaurare omnia em Christo*[1], diz São Paulo aos de Éfeso, renovai o mundo no espírito de Jesus Cristo, colocai Cristo no alto e no cerne de todas as coisas. Viemos santificar qualquer esforço humano honesto: o trabalho ordinário, precisamente no mundo, de modo laical e secular, a serviço da Igreja Santa, do Romano Pontífice e de todas as almas.

Para consegui-lo, devemos defender a liberdade. A liberdade dos membros, mas formando um único corpo místico com Cristo, que é a cabeça, e com seu Vigário na terra. Parece que as coisas celestiais tinham sido desgarradas das coisas do mundo e que já não tinham cabeça. Mas Deus colocou Cristo

---

[1] *Ef* 1, 10 (Vg).

encarnado como cabeça de todas as coisas. Portanto, chegar-se-á à unidade, a uma união harmoniosa, quando todas as coisas estiverem submetidas a uma única cabeça, que é Cristo.

Diremos com Santo Irineu: *há um só Deus Pai, [...] e um só Cristo, Jesus Nosso Senhor, que perpassa toda a economia e recapitula tudo em si mesmo: neste tudo está incluído o homem, criatura de Deus. Ele recapitula, portanto, o homem em si mesmo. O invisível tornou-se visível; o incompreensível, compreensível; o impassível, passível; e o Verbo se fez homem, resumindo todas as coisas em si. E assim como o Verbo de Deus é o primeiro entre os seres celestiais, espirituais e invisíveis, assim também tem soberania sobre o mundo visível e corpóreo, assumindo toda a primazia; e, fazendo-se Cabeça da Igreja, atrai a si todas as coisas no devido tempo*[2].

Agora compreenderemos a emoção daquele pobre sacerdote que, tempos atrás, sentiu em sua alma esta locução divina: *et ego, se exaltatus fuero a terra, omnia traham ad meipsum*[3]; quando eu for levantado ao alto sobre a terra, tudo atrairei a mim. Ao mesmo tempo, ele viu claramente o significado que o Senhor, naquele momento, quis dar àquelas palavras da Escritura: é preciso colocar Cristo no cume de todas as atividades humanas. Compreendeu claramente que, com o trabalho ordinário em todas as

---

2   Santo Irineu de Lyon, *Adversus haereses*, III, 16, 6 (SC 211, pp. 313-314).
3   *Jo* 12, 32.

tarefas do mundo, era necessário reconciliar a terra com Deus, a fim de que o profano — mesmo sendo profano — se tornasse sagrado, consagrado a Deus, fim último de todas as coisas.

Santificação do trabalho

3   Há um parêntese de séculos, inexplicável e muito longo, em que esta doutrina soava e soa como coisa nova: buscar a perfeição cristã pela santificação do trabalho ordinário, cada um por meio da sua profissão e em seu próprio estado. Durante muitos séculos, o trabalho foi considerado coisa vil; foi tomado, mesmo por pessoas de grande habilidade teológica, como obstáculo à santidade dos homens.

Digo-vos, minhas filhas e filhos, que a qualquer pessoa que exclua um trabalho humano honesto — importante ou humilde —, afirmando que não pode ser santificado e santificador, podeis dizer com certeza que Deus não a chamou à sua Obra.

Será preciso rezar, teremos de rezar, teremos de sofrer, para tirar esse erro da mente das pessoas boas. Mas chegará o tempo em que, com base no trabalho humano em todas as categorias, tanto intelectuais como manuais, se levantará a uma só voz o clamor dos cristãos dizendo: *cantate Domino canticum novum:*

cantate Domino omnis terra[4]; cantai ao Senhor um cântico novo: que toda a terra louve o Senhor.

Para abrir uma brecha na consciência dos homens, depois de tantos séculos de erro ou esquecimento dos deveres do cristão, tendes de ser amigos do trabalho. Sem o trabalho nós não nos santificaremos: não é possível, porque o trabalho é a matéria que temos de santificar e o instrumento para a santificação.

Deveis ser fiéis, deveis ser fortes, deveis ser dóceis, necessitais de virtudes humanas, coração grande, lealdade. Com isso, não vos peço coisas extraordinárias; peço-vos simplesmente que toqueis o céu com a cabeça: tendes direito a isso, porque sois filhos de Deus. Mas que os vossos pés, que vossas plantas estejam bem firmes no chão, para glorificar o Senhor Nosso Criador com o mundo e com a terra e com o trabalho humano.

Já contemplo, ao longo dos tempos, até o último dos meus filhos — porque somos filhos de Deus, repito — atuando profissionalmente, com a sabedoria de um artista, com a felicidade de um poeta, com a segurança de um professor e com uma modéstia mais persuasiva do que a eloquência, buscando — ao buscar a perfeição cristã em sua profissão e em seu estado no mundo — o bem de toda a humanidade.

---
4   *Sl* 96 [95], 1.

5   Devemos amar todo tipo de trabalho humano, porque o trabalho é o meio para a santificação das almas e para a glória de Deus. Se o trabalho, qualquer trabalho humano honesto, é o meio, ninguém poderá pôr limites a este imenso mar de apostolado, a este panorama humano e divino que se apresenta diante dos nossos olhos.

Quando chegar o momento de cristalizar canonicamente — com as leis da Igreja — este nosso apostolado, diremos a mesma coisa: que é um mar sem margens, mas destacaremos alguns trabalhos concretos, porque é comum fazê-lo.

Vós e eu sabemos e cremos que o mundo tem como missão única dar glória a Deus. Esta vida só tem razão de ser na medida em que projeta o reino eterno do Criador. É por isso que São Paulo escreve: *tudo quanto fizerdes, tanto em palavra como em ação, fazei-o em nome do Senhor Jesus, dando graças a Deus Pai por meio dele*[5]. E lemos na primeira Epístola aos Coríntios: *quer comais, quer bebais, fazei tudo para a glória de Deus*[6]. Todos nós estamos, portanto, obrigados a trabalhar: porque o trabalho é um mandato de Deus, e devemos obedecer a Deus com alegria: *servite Domino in laetitia*[7].

---

5   *Cl* 3, 17.
6   *1 Cor* 10, 31.
7   *Sl* 100 [99], 2.

A santificação pessoal na ocupação diária

6 Assim o trabalho se torna sobrenatural, porque seu fim é Deus, e o trabalho é feito pensando nEle, como um ato de obediência. Não devemos abandonar o lugar em que a chamada do Senhor nos surpreendeu. Temos de converter nossa vida inteira em serviço a Deus: o trabalho e o descanso, o pranto e o sorriso. Na lavoura, na oficina, no ateliê, na atuação pública, devemos permanecer fiéis ao meio habitual de vida; converter tudo em instrumento de santificação e exemplo apostólico, sem nunca nos servirmos da Igreja ou da Obra: cada um com responsabilidade pessoal.

No trabalho ordinário, no seio da família e da sociedade, temos o compromisso pessoal de buscar a santidade, à qual somos chamados pelo simples fato de sermos cristãos, pois são claras as palavras do Mestre: *sede perfeito, como vosso Pai celestial é perfeito*[8].

Vede o que escreveu São João Crisóstomo: *a verdade é que todos os homens devem ascender à mesma altura; e o que perturba toda a terra é pensar que só o monge está obrigado a uma perfeição maior, e o resto pode viver à vontade. Mas não é assim!*[9]

---

[8] Mt 5, 48
[9] São João Crisóstomo, *Adversus oppugnatores eorum qui ad monasticam vitam inducunt*, 1, III, 14 (PG 47, col. 374).

7   Devemos procurar que todas as pessoas entendam que não se pode dividir os homens em duas categorias: os que trabalham e os que pensam que se rebaixam ao trabalhar. Porque hoje é evidente que o trabalho é um serviço que todos os cristãos estão obrigados a prestar, por amor a Deus e, por Ele, a toda a humanidade.

Aos que não querem entender, atrevo-me a dizer: *qui parce seminat, parce et metet: et qui seminat in benedictionibus, de benedictionibus et metet*[10]; quem semeia pouco, pouco colherá; e quem semeia a mãos cheias, a mãos cheias colherá. Com isto, acabo de vos dizer, com palavras do Apóstolo, que não basta trabalhar muito, mas que é preciso trabalhar com visão sobrenatural: caso contrário, não receberemos as bênçãos do céu.

Minhas filhas e filhos, quero contar-vos uma dor, uma grande dor: *não me entendem*. Há quatro anos venho dizendo a mesma coisa: e não entendem. É como se estivessem impermeabilizados. Parece que não lhes cabe, nem na cabeça nem no coração, tanto heroísmo cristão sem espetáculo. Mas a nossa generosidade, ainda que completa, é muito pouco se comparada com aquela generosidade infinita e amorosa do Deus-Homem, que se entrega ao sacrifício pela nossa salvação, dando até a última gota do seu sangue, até o último suspiro de sua vida. Por

---
10   *2 Cor* 9, 6.

isso, nós também devemos procurar entregar-nos sem mesquinhez, atentos ao amor de Deus, embora não faltem as dificuldades.

Vocação ao apostolado no meio do trabalho

São Mateus conta-nos: *Jesus percorria todas as cidades e povoados, ensinando em suas sinagogas, pregando o evangelho do reino de Deus e curando todas as doenças e enfermidades. E, quando viu aquelas pessoas, compadeceu-se profundamente porque estavam maltratadas e abandonadas, aqui e ali como ovelhas sem pastor. Então, disse aos seus discípulos: a messe é realmente grande, mas os trabalhadores são poucos; rogai, pois, ao dono da messe que mande operários à sua messe*[11]. 8

Dilacera o coração este grito do Filho de Deus, que se lamenta porque a messe é grande e os trabalhadores são poucos. Pedi comigo ao Senhor da messe que envie operários, pessoas de todas as raças e de todas as profissões e classes sociais, para trabalhar nesta Obra, com esse sentido sobrenatural: *rogate ergo Dominum messis, ut mittat operarios in messem suam*! Desta forma, serão muitas as almas que sentirão esta *chamada divina*, que acende em nós o desejo de buscar a perfeição no meio do mundo.

---

[11] Mt 9, 35-38.

9   Se me perguntardes como se nota a chamada divina, como uma pessoa a percebe, direi que é uma nova visão da vida. É como se uma luz se acendesse dentro de nós; é um impulso misterioso que leva o homem a dedicar suas mais nobres energias a uma atividade que, com a prática, chega a tornar-se missão de vida. Essa força vital, que tem alguma semelhança com uma avalanche avassaladora, é o que outros chamam de vocação.

A *vocação* leva-nos — sem que o percebamos — a assumir uma posição na vida, que manteremos com entusiasmo e alegria, cheios de esperança até no próprio transe da morte. É um fenômeno que comunica um sentido de missão ao trabalho, que enobrece e valoriza a nossa existência. Jesus insere-se com um ato de autoridade na alma, na tua, na minha: essa é a chamada.

Tornam-se realidade estas palavras do Apocalipse: *eis que estou à porta do teu coração e bato: se alguém ouvir a minha voz e me abrir a porta, entrarei e cearei com ele, e ele comigo*[12]. Esta chamada de Deus é algo preciosíssimo. Vem-me à boca a parábola que São Mateus nos conta no capítulo treze do seu Evangelho: *O reino dos céus é semelhante a um tesouro escondido no campo; se um homem o encontra, ele o esconde novamente e, feliz com o achado, vai, vende tudo o que tem e compra aquele campo. O reino dos céus também é*

---
[12]   *Ap* 3, 20.

semelhante a um comerciante que negocia com pérolas finas. E, chegando às suas mãos uma de grande valor, vai, vende tudo o que tem e a compra[13]. Nossa chamada é, portanto, quando a soubermos receber com amor, quando a soubermos estimar como algo divino, uma pedra preciosa de valor infinito.

Esta chamada é um tesouro escondido que nem todos encontram. Encontram-no aqueles a quem Deus verdadeiramente escolhe: *pedir-se-á conta de muito a quem muito foi entregue*[14]. Quando sintais essa graça de Deus, não vos esqueçais da parábola do tesouro escondido: *quem qui invenit homo, abscondit, et prae gaudio illius vadit, et vendit universa quae habet, et emit agrum illum*[15]: é tão humano e tão sobrenatural esconder os favores de Deus!

Vede como o Senhor procura os que Ele quer que o sigam. A Pedro e ao seu irmão André, que eram pescadores, quando estavam lançando as redes ao mar. Ouvi o que lhes diz: *venite post me, et faciam vos fieri piscatores hominum*[16]; vinde comigo e eu vos farei pescadores de homens. E Pedro e André, *continuo*, deixando tudo imediatamente, o seguiram.

---

13 Mt 13, 44-45.
14 Lc 12, 48; "*quem qui invenit* [...] *emit agrum illum*": "que, quando um homem o encontra, ele o esconde e, feliz com o achado, vai e vende tudo o que tem e compra aquele campo".
15 Mt 13, 44. [N. do E.]
16 Mt 4, 19-20.

Há outro que não foi chamado — conta-nos São Mateus no capítulo oitavo, versículos 19 e 20: *Magister*, Mestre, afirma, *sequar te quocumque ieris*, eu te seguirei para onde quer que fores. O Senhor respondeu-lhe: *as raposas têm tocas e as aves do céu, ninhos, mas o Filho do homem não tem onde reclinar a cabeça*. Não vos deveis assustar — minhas filhas e filhos — diante dos perigos, diante das contradições, diante da dureza no serviço a Deus.

Senhor — pede-lhe um de seus discípulos —, *permite-me, antes de seguir-te, ir enterrar meu pai. Jesus respondeu-lhe: tu, segue-me e deixa que os mortos enterrem seus mortos*[17]. E para aquele que lhe disse: *eu te seguirei, Senhor, mas primeiro deixa-me ir despedir-me de minha casa*, Jesus lhe respondeu: *ninguém que, depois de ter posto a mão no arado, volta os olhos para trás é apto para o reino de Deus*[18].

11   Antes de prosseguir, para aqueles que tendes essa luz na alma, para os que vos sentis impelidos interiormente a buscar a perfeição cristã no mundo, digo que quem está preso a um vínculo ou compromisso espiritual — pela *chamada* —, se não quiser se enganar, é necessário que renuncie a qualquer conselheiro, a qualquer projeto que não esteja dentro desse vínculo. Agindo de outra forma,

---

17   *Mt* 8, 21-22.
18   *Lc* 9, 61-62.

começariam tantos grupinhos quantos fossem os indivíduos, e o vínculo sobrenatural e civil ficaria sem efeito e poderia até se tornar prejudicial, porque se destruiria a obediência.

Meus filhos, quantas vezes se metem a julgar as almas dos outros, a aconselhar os outros, pessoas que nunca sentiram a inquietação pessoal daquele clamor divino: *venite post me!*[19] Tende um profundo agradecimento por terdes recebido a chamada e pensai que a verdade — a vossa chamada — não tem mais que um caminho; e, dentro deste caminho, pode-se andar devagar, caminhar apressadamente, correr ou saltar: na Obra não quadriculamos as almas, nem metemos as criaturas em moldes de aço, com gestos, modos e palavras que estão fora da realidade do mundo: porque vivemos no mundo para Deus.

Chamada à santidade no meio do mundo

Aos que dizem que isto é uma utopia, respondo-lhes com a experiência que tenho de muitas almas e com estas palavras do Crisóstomo: *onde estão agora aqueles que dizem que não é possível preservar a virtude a quem mora no meio da cidade, mas que é preciso retirar-se e viver nas montanhas? Como se não fosse possível*

---
[19] *Mt* 4, 19.

ser virtuoso quem governa uma casa, tem mulher e cuida dos filhos[20].

Em todos os estados, em todas as tarefas honestas, para adquirir a santidade, não tendo vocação religiosa, não se deve fugir do mundo. Estamos bem no lugar que ocupamos na terra. Estou certo de que a chamada — a chamada específica de que venho falando nesta carta — é para muitos: porque na Obra não há classismo, porque todas as almas interessam; e, portanto, são necessários todos os tipos de instrumentos. *Iterum simile est regnum caelorum sagenae missae in mare, et ex omni genere piscium congreganti*[21]; o reino dos céus também é semelhante a uma rede de arrasto que, lançada ao mar, apanha todo tipo de peixes.

13 Quando, pela boca de Jeremias, o Senhor prediz a futura libertação do povo hebreu que está no exílio e faz notar que, se antes os havia tirado do Egito, agora tirará os seus servos *de terra Aquilonis et de cunctis terris*[22], penso que haverá muitas chamadas à Obra de Deus, sem discriminação. O Senhor os trará de todas as classes sociais, de todos os talentos, dos que estão acima, dos que estão abaixo e — como Jeremias volta a dizer — daqueles que estão nas entranhas da terra.

---

20 São João Crisóstomo, *In Genesim homilia*, 43, 1 (PG 54, col. 396).
21 Mt 13, 47.
22 Jr 23, 8; "*de terra Aquilonis et de cunctis terris*": "das terras do norte e de todas as terras".

Ouvi o profeta: *enviarei muitos pescadores, palavra de Javé, que os pescarão; e, depois, muitos caçadores, que os caçarão por todos os montes, por todas as colinas e pelas cavernas das rochas. Porque todos os seus caminhos estão à minha vista*[23].

Somos instrumentos nas mãos de Deus, *qui omnes homines vult salvos fieri*[24], que quer que todos os homens sejam salvos. Meus filhos, por meio da formação verdadeiramente contemplativa do nosso espírito, devem sentir em suas almas a necessidade de buscar Deus, de encontrá-lo e tratá-lo sempre, admirando-o com amor em meio às fadigas do seu trabalho ordinário, que são cuidados terrenos, mas purificados e elevados à ordem sobrenatural; e também devem sentir a necessidade de converter toda a sua vida em apostolado, que brota da alma para se traduzir em obras exteriores: *caritas mea cum omnibus vobis in Christo Iesu*[25], meu carinho por todos vós em Cristo Jesus.

Unidade de vida. Retidão de intenção. Filiação divina

14 Do que acabo de escrever, deduz-se que a unidade de vida é necessária para os filhos de Deus,

---

[23] Jr 16, 16-17.
[24] 1 Tm 2, 4.
[25] 1 Cor 16, 24.

que Ele chamou à sua Obra. Uma unidade de vida que tem, simultaneamente, duas facetas: a interior, que nos torna contemplativos; e a apostólica, por meio do nosso trabalho profissional, que é visível e externo.

Volto a dizer-vos: a nossa vida é trabalhar e rezar, e vice-versa, rezar e trabalhar. Porque chega o momento em que não conseguimos distinguir entre esses dois conceitos, essas duas palavras, contemplação e ação, que acabam por significar a mesma coisa na mente e na consciência.

Vede o que diz São Tomás: *quando, de duas coisas, uma é a razão da outra, a ocupação da alma numa delas não impede nem diminui a ocupação na outra... E como Deus é apreendido pelos santos como a razão de tudo o que fazem ou conhecem, sua ocupação em perceber as coisas sensíveis, ou em contemplar ou fazer qualquer outra coisa, de modo algum impede a sua contemplação divina, nem vice-versa*[26].

15   Para não perder esta unidade de vida, coloquemos o Senhor como fim de todo trabalho que temos de fazer *non quasi hominibus placentes, sed Deo qui probat corda nostra*[27]; não para agradar aos homens, mas a Deus que sonda os nossos corações. Além disso, devemos buscar a presença de Deus:

---
26   S.Th., Suppl., q. 82, a. 3 ad 4.
27   1 Ts 2, 4.

quaerite Dominum et confirmamini, quaerite faciem eius semper[28]; buscai o Senhor e tornai-vos fortes, buscai sempre a sua face.

Elevai o coração a Deus quando chegar o momento duro da jornada, quando a tristeza quiser entrar na nossa alma, quando sentirmos o peso deste trabalho da vida, dizendo *miserere mei Domine, quoniam ad te clamavi tota die: laetifica animam servi tui, quoniam ad te Domine animam meam levavi*[29]; Senhor, tem misericórdia de mim, porque te invoquei o dia todo: alegra o teu servo, porque a ti, Senhor, levantei a minha alma.

Somos servos de Deus e filhos de Deus. Como seus servos, podemos nos alegrar ao ouvir essas palavras dos Atos dos Apóstolos: *certamente derramarei o meu Espírito sobre os meus servos e servas naqueles dias, e eles profetizarão*[30]. Como filhos de Deus, podemos contemplar com alegria o que São Paulo escreve aos Gálatas: *digo também que, enquanto o herdeiro é criança, em nada difere de um servo, apesar de ser dono de tudo, pois está sob a potestade dos tutores e curadores, até o tempo determinado por seu pai.*

Assim nós, quando ainda éramos crianças, vivíamos em servidão, sob os elementos do mundo; mas, quando

---

28 Sl 105 [104], 4.
29 Sl 86 [85], 3-4.
30 At 2, 18.

o tempo se cumpriu, Deus enviou seu Filho, formado de uma mulher e sujeito à lei, para redimir os que estavam debaixo da lei, a fim de recebermos a adoção de filhos. E, porque sois filhos, Deus enviou aos vossos corações o Espírito do seu Filho, que nos faz clamar: Abba, meu Pai! E, assim, já nenhum de vós é servo, porém filho. E, sendo filho, é também herdeiro de Deus[31].

17 Há duas figuras no Evangelho que — na hora da covardia geral — são valentes: José de Arimateia, que foi discípulo de Jesus, embora oculto; e um homem rico, Nicodemos. No meio deste terror geral, deste abandono em que ficara Cristo Jesus, rodeado apenas de mulheres — de sua Mãe, daquelas santas mulheres — e de um adolescente — João —, eles, que se ocultavam enquanto o Mestre estava vivo, reaparecem, conforme nos contam os Evangelistas. José, para pedir a Pilatos que o deixe recolher o Corpo. Nicodemos, para levar uma mistura de mirra e aloés, cerca de cem libras: valeria muito dinheiro.

Porém, embora se relacionassem com Jesus e o amassem, lembrai-vos daquela passagem de São João no capítulo III, do versículo um ao dez, quando o Senhor diz a Nicodemos: *nisi quis renatus fuerit denuo, non potest videre regnum Dei*; quem não nasceu de novo não pode ver o reino de Deus nem fazer parte dele. Nicodemos responde: *quomodo potest homo*

---
31 Gl 4, 1-7.

nasci, cum sit senex?; como pode um homem nascer, sendo velho? Não vou repetir toda a passagem aqui. Nicodemos não era ignorante. Jesus pergunta-lhe: *tu es magister in Israel et haec ignoras? Nisi quis renatus fuerit*, havia doutrinado o Mestre, *ex aqua et Spiritu Sancto non potest introire in regnum Dei*; tu és mestre em Israel e ignoras estas coisas? Quem não nascer pelo Batismo da água e do Espírito Santo não pode entrar no reino de Deus. E alhures: *sic est omnis qui natus est ex spiritu*, o mesmo acontece com aquele que nasce do espírito.

Amor de Deus. Confiança em Deus

A filiação divina é clara. Eles não a entendiam. 18
Dai graças, porque sabeis que sois verdadeiros filhos de Deus, porque sabeis, como escreve São João, que Deus é justo; sabeis também que quem vive segundo a justiça, praticando as virtudes, é filho legítimo de Deus[32].

Vou prosseguir advertindo-vos com São João: *vede que terno amor o Pai teve por nós, querendo que nos chamemos filhos de Deus e o sejamos de fato. Caríssimos, nós agora já somos filhos de Deus*[33]. São Paulo nos confirma nesta crença quando escreve: *era coisa digna que aquele Deus, para quem e por quem são todas*

---

32   1 Jo 2, 29.
33   1 Jo 3, 1-2

as coisas, tendo de conduzir muitos filhos adotivos à glória, consumasse ou imolasse pela paixão e morte o autor e modelo da salvação dos próprios filhos, Jesus Cristo Nosso Senhor. Porque aquele que santifica e os que são santificados têm todos a sua origem de um só, ou seja, todos eles têm natureza humana. Por isso, não desdenha de chamá-los de irmãos, dizendo: anunciarei o teu nome aos meus irmãos: no meio da Igreja cantarei os teus louvores. E em outro lugar: colocarei nele toda a minha confiança. E acrescenta: aqui estou eu e meus filhos, que Deus me deu[34].

19   Mas, se não procurarmos viver como filhos de Deus, perderemos a confiança nEle, o que significa perder boa parte do Amor, e a vida será dura e amarga para nós. Não se esqueça de que não somos apenas filhos de Deus, mas irmãos de Jesus Cristo: *primogênito in multis fratribus*[35]. E que *todo aquele que nasceu de Deus não peca, porque a semente de Deus,* que é a graça santificante, *habita nele; e, se não a joga fora de si, não pode pecar, porque é filho de Deus: nisto se distinguem os filhos de Deus dos filhos do diabo*[36].

Enchei-vos, pois, de confiança, *porque Deus amou o mundo de tal maneira que não parou até dar o seu Filho Unigênito, para que todos aqueles que nele creiam não*

---

[34]   Hb 2, 10-13.
[35]   Rm 8, 29.
[36]   1 Jo 3, 9-10.

pereçam, mas vivam vida eterna. Porque Deus não enviou seu Filho ao mundo para condenar o mundo, mas para que, por seu intermédio, o mundo se salve; e para que todo aquele que nele creia não pereça, mas alcance a vida eterna[37].

Amor ao Papa

Como somos filhos de Deus, nosso maior amor, nossa maior estima, nossa mais profunda veneração, nossa mais rendida obediência, nosso maior afeto deve ser também para com o vice-Deus na terra, para com o Papa. Pensai sempre que, depois de Deus e de nossa Mãe, a Santíssima Virgem, na hierarquia do amor e da autoridade, vem o Papa. Por isso, muitas vezes digo: *obrigado, meu Deus, pelo amor ao Papa que puseste em meu coração.*

Tenhamos, portanto, plena e total confiança na Igreja e em Pedro. Não deixei de tê-la, embora algumas pessoas tenham tentado, ou melhor, o diabo tenha tentado, por meio de certos homens, semear dúvidas e sombras, procurando diminuir em mim — sem sucesso — esta confiança e este amor.

Meus filhos, vou contar-vos este pequeno episódio. Dar-me-á tanta alegria se um de vós, quando puder, o viva: desde há anos, na rua, todos os dias, rezei e rezo uma parte do Rosário pela Augusta Pessoa e pelas intenções do Romano Pontífice. Com

---

[37] Jo 3, 16-17.

a imaginação, coloco-me ao lado do Santo Padre, quando o Papa celebra a missa: eu não sabia, nem sei, como é a capela do Papa, e, no final do meu Rosário, faço uma comunhão espiritual, desejando receber de suas mãos Jesus Sacramentado.

Não vos surpreendais pelo fato de que aqueles que têm a sorte de estar materialmente próximos do Santo Padre me causem uma santa inveja, porque podem abrir-lhe o coração, porque podem manifestar--lhe sua estima e carinho.

21   Esta união que vivemos com o Romano Pontífice faz e fará com que nos sintamos unidíssimos em cada diocese ao Ordinário local. Costumo dizer, e é verdade, que *nós puxamos e sempre puxaremos o carro na mesma direção que o Bispo.* Se, alguma vez, um Rvmo. Ordinário não entendesse assim e pretendesse ver incompatibilidades que não podem existir, eu teria muita pena; mas, enquanto não tocasse no essencial, eu cederia: e vós deveríeis ceder também, sem dificuldade. Porque só nos move a viver nossa entrega o desejo de dar toda a glória a Deus, servindo a Igreja e todas as almas, sem buscar a glória para a Obra e sem buscar nosso proveito pessoal.

Prevendo essas possíveis dificuldades, embora me pareçam inverossímeis, para obter do Senhor desde o início da Obra esta união interna e externa com o Ordinário local e com todas as almas que trabalham em qualquer tipo de tarefa apostólica, vós sabeis que rezamos todos os dias *pro unitate apostolatus*. Uma unidade que só o Papa dá, para toda a Igreja; e o Bispo, em comunhão com a Santa Sé, para a diocese.

Sonho, minhas filhas e filhos, com esses oratórios, com esses sacrários, que se espalharão por todos os recantos do mundo para levar este espírito de Deus — da Obra de Deus — a todas as almas. E peço que, na parte material dos edifícios, sigais o costume, o modo de fazer, do local em que estiverdes. Mas me dá muita pena ver essas igrejas que parecem garagens, essas imagens que são uma caricatura, que são uma zombaria: não as coloqueis nunca em nossos oratórios. 22

A arte sacra deve conduzir a Deus, deve respeitar as coisas santas; está voltada para a piedade e a devoção. Durante muitos séculos, a melhor arte foi a religiosa, porque se submetia a essa regra; porque preservava, em tudo, a natureza própria do seu fim. Essas imagens modernistas e caricaturescas são tão pouco oportunas quanto as imagens repintalgadas de gesso: o que é feio e pouco respeitoso é tão ruim quanto o que é melífluo e cafona.

Nenhum desses dois extremos serve à nossa piedade. O arquiteto, o escultor, o pintor que queira contribuir com a sua arte pessoal para o culto divino deve ater-se a regras claras. Com isso não estou dizendo que é preciso pintar o céu de joelhos, como Fra Angelico, mas é preciso pintá-lo com respeito, com unção, com devoção.

Laicismo e clericalismo

23 Nestes tempos de laicismo, destacam-se dois tipos de pessoas: os que atacam a Igreja de fora e os que a atacam de dentro, valendo-se da própria Igreja. Uns deles — aqueles que atacam de fora — são laicistas, dizem; os que atacam de dentro, não sei como chamá-los: vamos chamá-los de pietistas. O espírito da Obra está em não nos servirmos da Igreja: mas em servir a Igreja.

E, para isso, não envolver a Igreja com coisas terrenas; por sermos filhos da Igreja e havermos recebido uma chamada específica de Deus, levamos a Deus todas as coisas da terra, mas não chamamos as nossas obras de católicas: o mundo inteiro já vê que o são.

Não colocamos nomes de santos nas nossas tarefas de apostolado, porque não é necessário nem conveniente. E, se fosse, outros já o fazem: que nos deixem servir a Santa Igreja por nossa própria conta e risco, sem comprometê-la. O contrário — servir-se da Igreja, para nela amparar a vida profissional, social e política — parece-me um falso amor pela Esposa de Jesus Cristo: e, humanamente falando, um modo de agir pouco limpo, feio.

No entanto, há quem não nos compreenda, e alguns até com reta intenção: acreditam que a Igreja perderá prestígio se nossas obras futuras, nossos labores, nossas tarefas não levarem o nome de católicos. Essa opinião cai por si só, não tem nenhuma força, porque todo o mundo verá que serão cidadãos católicos que farão o trabalho; e que, portanto, a sua tarefa redundará em honra da Igreja. Outros pensam que assim estaremos menos sujeitos à autoridade eclesiástica: estaremos sujeitos tal como os que mais estão. Queremos e procuramos viver sempre dentro das disposições às quais os cristãos devem se submeter.

Eu desejaria que essas pessoas, que neste quase início do nosso trabalho não nos entendem, abrissem a Sagrada Escritura, no livro do Gênesis, capítulo XXXII, e vissem as disposições que Jacó tomou quando temeu que seu irmão Esaú destruísse sua família e suas riquezas. Conta a Escritura que ele fez dois grupos com as pessoas de sua cidade e seus rebanhos, de modo que um fosse para uma parte, e outro, para outra; e pensou razoavelmente: se Esaú vier contra um grupo, o outro se salvará.

Embora este não seja o motivo pelo qual o Senhor criou a Obra — o motivo é recordar a todos os homens seu dever de santidade, por meio de seu trabalho ordinário no mundo, em sua profissão e em seu estado —, mesmo não sendo este o motivo, ninguém pode negar que as circunstâncias de hoje, como todas as dos séculos passados — e não podemos esperar mais dos tempos vindouros —, fazem com que julguemos muito prudente a decisão de Jacó.

25 Gostaria também que essas pessoas incapazes de nos compreender lançassem um olhar ao seu redor — não a um país, mas a todos ou quase todos os países que são ou foram cristãos — e prestassem atenção a tantas empresas privadas, comerciais, industriais, hoteleiras etc. que têm o nome de um santo.

Respeito a experiência contrária, mas realmente sofro ao contemplar que em não poucas ocasiões o nome do santo, ou de católico, ou de cristão, pode servir de bandeira para encobrir a mercadoria avariada. Não me importo de deixar por escrito o que tantas vezes digo oralmente: que, quando leio — porque existem, existem! — uma mercearia, loja, ou casa, ou negócio de São... — de um santo —, penso logo, com pouco temor de me enganar, que lá o quilo tem novecentos gramas.

Servir. Sobrenaturalizar o trabalho. Dar doutrina

26 Meus filhos, não foi murmuração, não exagerei na dose; contei uma parte do que vi, pois me pareceu necessário para evitar o escândalo dos que não se

escandalizam daqueles que têm o cristianismo ou o catolicismo como instrumento oficial para as suas empresas e suas ambições.

Mas deixemo-los e pensemos, devagar, sobre o que está no cerne do nosso trabalho profissional. Dir-vos-ei que é uma única intenção: *servir*. Porque no mundo, agora, é clara a importância da missão social de todas as profissões: até a caridade tornou-se social, até o ensino tornou-se social.

Para tudo que seja servir ao próximo, existe uma técnica que o Estado tenta tomar em suas mãos. Portanto, cada um dos filhos de Deus em sua Obra deve *sobrenaturalizar* o exercício do seu trabalho, do seu ofício, servindo verdadeiramente com sentido sobrenatural o próximo, a pátria, a Deus. Ao servir diretamente a Igreja — não os eclesiásticos —, servi-a sem cobrar; porque há muitos leigos que não trabalham pela Igreja se não forem pagos. Esta é a orientação que vos dou, a que recebemos de Deus: não cobrar, servindo à Igreja; pagar, pagar, pagar mesmo dando toda a nossa vida.

Falamos de servir: o melhor serviço que podemos prestar à Igreja e à humanidade é dar doutrina. Grande parte dos males que afligem o mundo devem-se à falta de doutrina cristã, mesmo entre aqueles que querem ou aparentam querer seguir Jesus Cristo de perto. Porque há quem, em vez de dar boa doutrina, se serve da ignorância dos outros para semear confusão. Chega-se, assim, até a negar a existência da lei natural, impressa por Deus em cada alma. E o ambiente do mundo enche-se de indolência religiosa, que na realidade nada mais é do que ignorância ou presunção; não é o satânico *non serviam*, mas a absoluta carência de luz.

Há pessoas que se fazem passar por sábias e afirmam que religião e ciência são coisas antitéticas, que se abriu um abismo aparentemente impreenchível: é o domínio do materialismo em todas as suas formas. Mas qualquer pessoa piedosa sabe preencher esse abismo. Nós, filhos de Deus em sua Obra, temos de procurar, com a graça do Senhor e com o estudo, que essa oposição desapareça, fazendo, com a ciência profana unida ao conhecimento teológico e ao exemplo de nossa vida, a apologia da Fé.

28 Todo o nosso trabalho tem, portanto, realidade e função de catequese. Temos de dar doutrina em todos os ambientes; e, para isso, precisamos acomodar-nos à mentalidade de quem nos escuta: *dom de línguas*. Dom de línguas que nos obriga a falar com conteúdo: *de fato, irmãos,* escreve São Paulo, *se eu fosse ter convosco falando em línguas, de que vos serviria se não falasse instruindo-vos com a*

Revelação, ou com a ciência, ou com a profecia, ou com a doutrina?[38] Logo, há obrigação de se formar: uma obrigação de nos formarmos bem doutrinalmente, uma obrigação de nos prepararmos para que entendam; para que, além disso, quem nos escute saiba depois se expressar.

São Paulo continua: *se a língua que falais não for inteligível, como se poderá saber o que dizeis? Não falareis senão ao ar.* O dom de línguas obriga-nos a compreender os outros. É também o Apóstolo quem nos ensina: *existem muitas línguas diferentes no mundo, e não há povo que não tenha a sua. Portanto, se eu não souber o que significam as palavras, serei um bárbaro ou um estrangeiro para aquele a quem eu falar, e aquele que falar comigo será um bárbaro para mim*[39].

Não basta dar doutrina de modo abstrato, desvinculado: antes eu vos dizia que é preciso fazer a mais fervorosa apologia da Fé, com a doutrina e com o exemplo da nossa vida, vivida com coerência. Devemos imitar Nosso Senhor, que fazia e ensinava, *coepit facere et docere*[40]: o apostolado de dar doutrina fica aleijado e incompleto se não for acompanhado pelo exemplo. Há um dito na sabedoria popular que deixa muito claro o que

---

38 1 *Cor* 14, 6.
39 1 *Cor* 14, 9-11.
40 Cf. *At* 1, 1.

vos estou dizendo. E o dito é este: frei exemplo é o melhor pregador.

29 Nunca acreditei na santidade dessas pessoas que são chamadas de *santos leigos*. Sobre elas dizem que levam uma vida íntegra e que, ao mesmo tempo, professam-se ateus. Mas o Espírito Santo diz, por meio de São Paulo, que *as perfeições invisíveis de Deus, incluindo seu eterno poder e sua divindade, tornaram-se visíveis após a criação do mundo, pelo conhecimento que delas nos dão suas criaturas*[41]. Por isso, no melhor dos casos, respeitarão alguns preceitos da lei natural — nem mesmo todos, porque a lei natural os obriga a admitir a existência de Deus —, mas sua vida não ilumina, porque se distanciaram da luz de Cristo, *lux vera, quae illuminat omnem hominem*[42]; luz verdadeira, que ilumina todos os homens.

É necessário, portanto, imitar Jesus Cristo — dizia-vos —, para o dar a conhecer com a nossa vida. Sabemos que Cristo se fez homem para introduzir todos os homens na vida divina, para que — unindo-nos a Ele — vivêssemos individual e socialmente a vida de Deus. Ouvi o que diz São João: *non enim misit Deus Filium suum in mundum ut iudicet mundum, sed ut salvetur mundus per ipsum*[43];

---

41 *Rm* 1, 20.
42 *Jo* 1, 9. [N. do E.]
43 *Jo* 3, 17.

Deus não enviou seu Filho ao mundo para condenar o mundo, mas para que o mundo seja salvo por Ele.

Trabalho secular e laical

30   Correspondendo à chamada que recebemos de Deus, o exemplo que devemos dar, para corredimir com Cristo, exige de nós — de vós e de mim — um trabalho realizado de modo laical e secular: para fazer um trabalho eclesiástico — próprio dos eclesiásticos — já existem os sacerdotes e religiosos. Não devemos realizar nossa tarefa nas igrejas, mas em plena vida civil, no meio da rua. Daí nosso dever de nos fazermos presentes, com o exemplo, com a doutrina e de braços abertos a todos, em todas as atividades humanas.

Vejo com alegria os leigos que se colocam ao serviço da Igreja, para levar, juntamente com os sacerdotes, uma vida de trabalho nas diversas associações piedosas de fiéis. Mas a nós o Senhor pede um apostolado capilar, de irradiação apostólica em todos os ambientes. Não podemos ter uma vida rasa, medíocre, de compromisso formal. Com isto não quero dizer que os fiéis que colaboram com os sacerdotes nas tarefas eclesiásticas tenham a vida *rasa*, porque eles também fazem, de outro modo, um ótimo trabalho.

31   Nosso trabalho desenvolve-se, todos os dias, no meio das centenas de pessoas com as quais estamos em contato desde o momento em que despertamos pela manhã até o final da jornada: parentes, empregados, colegas de trabalho, clientes, amigos. Em cada uma delas temos de reconhecer Cristo, temos de ver Jesus, como nosso irmão, em cada uma delas; e assim será mais fácil que nos prodigalizemos em serviços, atenção, carinho, paz e alegria.

Este nosso ideal, traduzido em obras, aproximará muitas almas da Igreja, e muitos jovens, muitos homens maduros e muitos idosos, com generosidade e coragem, virão também juntar-se a nós, ombro a ombro, no serviço a Deus em sua Obra.

32   Devemos rejeitar o preconceito de que os fiéis comuns não podem fazer nada além de se limitar a ajudar o clero em apostolados eclesiásticos. O apostolado dos leigos não tem por que ser sempre uma simples participação no apostolado hierárquico: compete a eles, especialmente aos filhos de Deus na sua Obra, por terem uma vocação divina como membros do povo de Deus, o dever de fazer apostolado. E isso não porque recebam uma missão canônica, mas porque são parte da Igreja; realizam essa missão — repito — por meio da sua profissão, do seu ofício, da sua família, dos seus colegas, dos seus amigos.

No entanto, a maioria das pessoas não consegue ver a eficácia apostólica das ações dos leigos como fiéis comuns quando eles simplesmente se dedicam ao seu trabalho ordinário e dão, assim, exemplo com suas vidas, aproveitando todas as circunstâncias para dar doutrina. Os que pensam assim ficam com uma visão encolhida, e acrescento ainda que fica mais encolhida em nosso caso: porque alcançaremos toda essa eficácia que eles mal vislumbram, por meio da nossa entrega completa, da nossa correspondência à chamada divina que recebemos do Senhor: *ecce ego quia vocasti me*[44].

Apostolado da amizade

33 Quem não vê a eficácia apostólica e sobrenatural da amizade esqueceu-se de Jesus Cristo: *eu já não vos chamo servos, mas amigos*[45]. E também da amizade com os seus apóstolos, com os seus discípulos, com a família de Betânia: com Marta, Maria e Lázaro. E daquelas cenas que São João nos narra antes da ressurreição de Lázaro, daquele *et lacrimatus est Iesus*[46]: esquecem as palavras cheias de confiança das duas irmãs quando querem comunicar a Jesus Cristo a doença de Lázaro,

---

44 1 Rs 3, 6.
45 Cf. Jo 15, 15.
46 Jo 11, 35; "*et lacrimatus est Iesus*": "e Jesus chorou".

enviando-lhe esta mensagem: *Senhor, olha que aquele que amas está doente*[47].

Há na Escritura, filhas e filhos da minha alma, uma infinidade de textos em que se fala da amizade, mas vou contar-vos apenas um, que aparece na primeira epístola de São Pedro; no capítulo V, versículo 13, quando, referindo-se a Marcos, o chama: *Marcus filius meus.*

Com uma amizade leal e desinteressada, o apostolado do exemplo torna-se mais eficaz; mas o exemplo deve ser dado sempre, não só aos amigos, mas também aos que não nos conhecem, e mesmo aos que nos são hostis. Pelo exemplo, cada um de vós torna-se outro Cristo, *qui pertransiit benefaciendo et sanando omnes*[48], que passou fazendo o bem e curando a todos.

34   O exemplo não se dá apenas com boas palavras, mas com obras. Aqueles que pretendem agir de outro modo merecem ouvir e devem meditar nesta passagem da Escritura: *então Jesus falou ao povo e aos seus discípulos e disse-lhes: os escribas e fariseus sentaram-se na cátedra de Moisés; praticai, pois, e fazei tudo o que eles vos disserem; mas não os imiteis nas obras, porque dizem o que se deve fazer e não o fazem. Amarram cargas pesadas e as colocam*

---
47   Jo 11, 3.
48   At 10, 38.

nos ombros dos outros, mas nem sequer tentam movê--las com um dedo[49].

Palavras e ações, fé e conduta, em unidade de vida, já o dissemos em outra ocasião. Agir de outra forma, fazer as coisas por vaidade, para ser visto, com espetáculo, mereceu estas palavras que saíram da boca de Cristo: *omnia vero opera sua faciunt ut videantur ab hominibus*[50], fazem todas as coisas para serem vistos pelos homens.

Que adianta?, pergunta São Tiago em sua epístola católica, *que adianta, meus irmãos, alguém dizer que tem fé, se não tem obras? Porventura esse tipo de fé poderá salvá-lo?* E acrescenta: *assim como o corpo sem o espírito está morto, assim também a fé sem as obras está morta*[51].

É melhor ser cristão sem o dizer do que dizê-lo sem o ser. Ensinar é uma coisa ótima, mas com a condição de que se pratique o que se ensina. Temos um único Mestre, aquele que falou e todas as coisas foram feitas; as próprias obras que Ele fez em silêncio são dignas do Pai. Quem compreende verdadeiramente a palavra de Jesus pode compreender também o seu silêncio; e então será perfeito, porque agirá de acordo com sua palavra e se manifestará através do seu silêncio[52].

---

49 *Mt* 23, 1-4.
50 *Mt* 23, 5.
51 *Tg* 2, 14.26.
52 Santo Inácio de Antioquia, *Epistula ad ephesios,* c. 15, 1-2 (SC 10, p. 71).

Obrigação de dar exemplo. Obrigação de dar doutrina

35   Estais obrigados a dar exemplo, meus filhos, em todos os campos, também como cidadãos. Deveis esforçar-vos por cumprir os vossos deveres e exercer os vossos direitos. Por isso, ao desenvolver a nossa atividade apostólica, como cidadãos católicos, observamos as leis civis com o maior respeito e acatamento, e sempre nos esforçamos por trabalhar no âmbito dessas leis.

Com a chamada divina e a formação específica, devemos ser sal da terra e luz do mundo[53], pois estamos obrigados a dar exemplo com um santo descaramento: *vir quidem non debet velare caput suum quoniam imago et gloria Dei est*[54]. Somos imagem de Deus: portanto, *assim brilhe a vossa luz diante dos homens, para que vejam as vossas boas obras e glorifiquem vosso Pai que está nos céus*[55]. Mas não temos de nos exibir, não temos de ser como aqueles vendedores de bugigangas que carregam toda a sua mercadoria descoberta, a fim de atrair, mas antes agir com naturalidade: se virem, que vejam.

36   Lembrai-vos daquela pergunta de São Pedro ao Senhor, depois que Jesus explicou a parábola

---

53   Cf. *Mt* 5, 13-14.
54   1 *Cor* 11, 7; "*vir quidem non debet* [...] *imago et gloria Dei est*": "o homem, de fato, não deve cobrir a cabeça, pois é imagem e glória de Deus".
55   *Mt* 5, 16.

do pai de família que guarda sua casa. São Pedro perguntou: *Senhor, dizes esta parábola para nós ou, igualmente, para todos?* O Senhor respondeu-lhe: *quem pensas que é aquele administrador fiel e prudente, a quem seu amo constitui como mordomo de sua família, para distribuir a cada um no devido tempo a medida de trigo ou o alimento oportuno?*[56]

Portanto, todos nós que formamos a Obra estamos obrigados a administrar aos que nos cercam o alimento da palavra de Deus, da doutrina de Deus. E, então, o que o Mestre disse também se dirige a nós, como uma promessa de prêmio: *feliz é esse servo se seu amo, em seu retorno, o encontra cumprindo assim seu dever*[57]. Esta administração da doutrina, com o exemplo, com a palavra, por escrito, por meio da amizade etc., este nosso ensinamento deve ser feito com discrição, para que aqueles que demoram a compreender não se afastem de Jesus.

Tende em mente o que São Mateus diz sobre Ele: *et sine parabolis non loquebatur eis*[58], acomodava-se à mentalidade do ambiente. Eu disse que temos de nos acomodar ao ambiente, mas não nos adaptar ao ambiente, ao ambiente mundano: existe o perigo de se adaptar, por covardia, por comodismo ou — é triste — para satisfazer as paixões más. E assim nos

---

56   *Lc* 12, 41-42.
57   *Lc* 12, 43. [N. do E.]
58   *Mt* 13, 34.

juntamos ao grupo dos desanimados. Não! Este não é o caminho; que não se diga de nós: *esses tais são do mundo e, por isso, falam a linguagem do mundo*[59]; mas o que Jesus disse a seu Pai: *assim como tu me enviaste ao mundo, também eu os enviei ao mundo*[60].

37   Há outra razão de justiça que nos obriga a dar exemplo: não difamar os nossos irmãos da Obra. Aquela frase absolutamente ilógica, *ab uno disce omnes*[61], é, infelizmente, muitas vezes, a regra habitual para julgar. O nosso exemplo deve ser constante: tudo deve ser ocasião de apostolado, meio de dar doutrina, mesmo que tenhamos fraquezas.

Sem medo. E, para não ter medo, não ter culpa. Se houver alguma fraqueza, recomendo que repitais as palavras de Pedro a Jesus, que eu repito habitualmente, após cada um dos meus erros: *Domine, tu omnia nosti, tu scis quia amo te*[62]; Senhor, tu sabes de todas as coisas, tu sabes que te amo.

O conhecimento dos nossos erros nos torna humildes, faz com que nos aproximemos mais do Senhor. Além disso, devemos ter em conta que, enquanto estivermos na terra, pela providência do Senhor, teremos equívocos, erros. Tiago escreve

---

59   *1 Jo* 4, 5.
60   *Jo* 17, 18.
61   "por um só conhecerás a todos". VIRGÍLIO, *Eneida*, 2, 65-66. [N. do E.]
62   *Jo* 21, 17.

sobre Elias que ele era um homem pecador, como nós; porém, *depois fez novamente oração, e o céu deu a chuva, e a terra produziu seus frutos*[63].

A atuação de cada um de nós, filhos, *é pessoal e responsável*. Devemos procurar dar bom exemplo a cada pessoa e à sociedade, porque um cristão não pode ser individualista, não pode ignorar os outros, não pode viver de forma egoísta, dando as costas ao mundo: é essencialmente social, membro responsável do Corpo Místico de Cristo.

Com esta dedicação ao fim que engloba todos os outros fins específicos — que não são senão meios para aquele fim de que falei antes, que é dar doutrina —, nosso trabalho apostólico contribuirá para a paz, para a colaboração dos homens entre si, para a justiça, para evitar a guerra, para evitar o isolamento, para evitar o egoísmo nacional e os egoísmos pessoais: porque todos compreenderão que fazem parte da grande família humana, que se dirige à perfeição, por vontade de Deus.

Assim contribuiremos para afastar esta angústia, este temor de um futuro de rancores fratricidas, bem como para confirmar a paz e a concórdia nas almas e na sociedade: a tolerância, a compreensão, o relacionamento, o amor.

---

63   Tg 5, 18.

Sem fazer acepção de pessoas. Respeitar a liberdade dos outros

39 Dir-vos-ei com o apóstolo Tiago: *jamais tenteis conciliar a fé de Nosso Senhor Jesus Cristo com a acepção de pessoas, porque se um homem com um anel de ouro e roupas preciosas entra em vossa casa e um homem pobre e mal vestido entra ao mesmo tempo, e fixais os olhos naquele que vem com um vestido brilhante e dizeis a ele: senta-te aqui neste bom lugar, dizendo pelo contrário ao pobre: tu fica aí em pé ou senta-te aqui aos meus pés, não fica patente que formais um tribunal injusto dentro de vós e vos tornais juízes de sentenças injustas? Não é verdade que Deus escolheu os pobres deste mundo para torná-los ricos na fé e herdeiros do reino que prometeu aos que o amam? Vós, pelo contrário, teríeis feito afronta ao pobre. Não são os ricos que vos tiranizam e não são eles mesmos que vos arrastam aos tribunais?*[64]

Isso não significa que não tenhamos obrigação de atender aos poderosos: devemos procurar trabalhar também com aquelas almas que mais influenciam as massas, o povo, sejam essas pessoas vindas de cima ou de baixo: também nisso não admitimos acepção de pessoas.

O apostolado do exemplo respeita a liberdade de todos, mas faz com que a glória de Deus se manifeste e transforme os homens, *porque o Senhor é*

---

64 Tg 2, 1-6.

espírito, e onde está o espírito do Senhor aí há liberdade. E assim todos nós, contemplando com rosto descoberto, como num espelho, a glória do Senhor, somos transformados na própria imagem de Jesus Cristo, avançando de claridade em claridade, como iluminados pelo espírito do Senhor[65].

40 Tenho-vos falado, minhas filhas e filhos, sobre a obrigação que nos urge — *caritas Christi urget nos*[66] a ajudar Cristo Nosso Senhor em sua divina tarefa de Redentor de todas as almas, consumada quando Jesus morreu na vergonha e na glória da Cruz — *iudaeis quidem scandaloum, gentibus autem stultitiam*[67]; escândalo para os judeus, loucura para os gentios — e que, pela vontade de Deus, continuará até que chegue a hora do Senhor.

Esta obrigação incumbe a todos os cristãos: e, por um título especialíssimo — a chamada que recebemos —, é *onus et honor*, carga e honra para os filhos de Deus em sua Obra. O Senhor pede-nos que o levemos, com nossa conduta exemplar e com um constante apostolado de dar doutrina, a todos os homens que cruzarem nosso caminho: um apostolado que haveis de fazer *em e a partir* do vosso próprio trabalho profissional, em vosso próprio estado.

---

65 *2 Cor* 3, 17-18.
66 Cf. *2 Cor* 5, 14.
67 *1 Cor* 1, 23.

Na ação apostólica, não devemos nos deixar levar por nenhuma acepção de pessoas, nem excluir nenhuma atividade humana, porque todas as ocupações honestas, todos os ofícios honrados, serão para nós motivos de santificação e meio eficaz de apostolado, que nos dará a oportunidade de atrair outras almas à busca sincera e generosa da santidade no meio do mundo.

Por isso tenho afirmado, e repito-vos, que deveis dar exemplo, sendo assim testemunhas de Jesus Cristo em todos os campos da atividade humana, aos quais levareis a boa semente que recebestes para serdes semeadores de Deus, sal que tempere as almas que ainda não provaram ou se esqueceram do sabor da mensagem evangélica, luz que ilumine os que jazem nas trevas do erro ou da ignorância.

Em todos os campos em que os homens trabalham — insisto —, também vós deveis estar presentes, com o maravilhoso espírito de serviço dos seguidores de Jesus Cristo, que *não veio para ser servido, mas para servir*[68]: sem abandonar imprudentemente — seria um erro gravíssimo — a vida pública das nações, na qual atuareis como cidadãos comuns, que é o que sois, com liberdade pessoal e com responsabilidade pessoal.

---

68 *Mt* 20, 28.

Presença na vida pública. Nem laicismo, nem clericalismo. A Obra não tem atividade política

A presença leal e desinteressada no terreno da vida pública oferece imensas possibilidades de fazer o bem, de servir: os católicos não podem — vós não podeis, meus filhos — desertar desse campo, deixando as tarefas políticas nas mãos dos que não conhecem ou não praticam a lei de Deus, ou dos que se mostram inimigos de sua Santa Igreja.

A vida humana, tanto privada como social, está inevitavelmente em contato com a lei e com o espírito de Cristo Nosso Senhor: os cristãos, por conseguinte, facilmente descobrem uma compenetração recíproca entre o apostolado e o ordenamento da vida por parte do Estado, ou seja, a ação política. *As coisas que são de César devem ser dadas a César; e as que são de Deus, devem ser dadas a Deus*, disse Jesus[69]. Infelizmente, é comum que não se queira seguir este preceito tão claro e que se confundam os conceitos, desembocando em dois extremos igualmente desordenados: o laicismo, que ignora os legítimos direitos da Igreja; e o clericalismo, que subjuga os direitos, também legítimos, do Estado. É necessário, meus filhos, combater estes dois abusos por meio de leigos que se sintam e sejam filhos de Deus, bem como cidadãos das duas Cidades.

---

69   Cf. *Mt* 22, 21.

42   A política, no nobre sentido da palavra, nada mais é do que um serviço para a realização do bem comum da Cidade Terrena. Mas este bem tem uma extensão muito grande, e, consequentemente, é no campo político que se debatem e ditam leis da mais alta importância, como as que dizem respeito ao casamento, à família, à escola, ao mínimo necessário de propriedade privada, para a dignidade — os direitos e deveres — da pessoa humana. Todas essas questões, e outras, interessam principalmente à religião e não podem deixar um apóstolo indiferente ou apático.

A Obra não tem qualquer política: esse não é o seu fim. Nossa única finalidade é espiritual e apostólica, e tem um selo divino: o amor à liberdade, que Jesus Cristo nos conseguiu ao morrer na Cruz[70]. Por isso, a Obra de Deus não entrou e nunca entrará na luta política dos partidos: não é apenas louvável, mas um estrito dever da nossa Família sobrenatural manter-se acima das disputas contingentes que envenenam a vida política, devido à simples razão de que a Obra — volto a afirmar — não tem finalidades políticas, mas apostólicas.

Mas vós, meus filhos — cada um pessoalmente —, não só cometeríeis um erro, como acabei de dizer, mas trairíeis a causa de Nosso Senhor se deixásseis o campo livre para que dirijam os negócios do Estado

---

70   Cf. *Gl* 4, 31.

os indignos, os incapazes ou os inimigos de Jesus Cristo e de sua Igreja.

Não pretendo com isto afirmar que todos os cidadãos não cristãos sejam indignos ou incapazes, nem que todos vós deveis intervir dia após dia nas lides políticas. Para muitos — a maioria —, bastará que tenham um critério seguro em tudo o que diz respeito à Igreja; que saibam dar a sã doutrina — que não é política, mas religiosa — a seus amigos e colegas; e, finalmente, que cumpram com retidão seus deveres cívicos, quando o governo do país assim o solicitar.

Outros, pelo contrário, terão inclinação para se dedicar às questões políticas; não serão politiqueiros, que vivem apenas de esquemas e compromissos para garantir um cargo, do qual se alimentam, na vida pública de sua pátria, capazes de vender direitos de primogenitura por um prato de lentilhas[71], mas homens que aliam sua vida profissional a um desejo de servir — nunca de dominar — os seus concidadãos, na vida política ou nas organizações sindicais.

Digo a todos vós: os que tenhais vocação política, atuai livremente neste terreno, sem abdicar dos direitos que vos competem como cidadãos; e buscai aí a vossa santificação, enquanto servis à Igreja e à pátria, buscando o bem comum para todos da

---
71   Cf. *Gn* 25, 29-34. [N. do E.]

maneira que vos pareça mais conveniente, porque no temporal não há dogmas.

Os demais, cumprais sempre fielmente os vossos deveres e exigi que vossos direitos sejam respeitados. E todos vós atuai livremente, porque é próprio da nossa peculiar vocação divina a santificar-nos, trabalhando nas tarefas ordinárias dos homens segundo os ditames da própria consciência, sentindo-nos pessoalmente responsáveis pelas nossas atividades livremente decididas, dentro da fé e da moral de Jesus Cristo.

44   Livremente: porque o vínculo que nos une é apenas espiritual. Estais vinculados uns aos outros, e cada um com a Obra inteira, somente no âmbito da busca da própria santificação e no campo — também exclusivamente espiritual — de levar a luz de Cristo aos vossos amigos, às vossas famílias, àqueles que vos cercam.

Sois, portanto, cidadãos que cumprem os seus deveres e exercem os seus direitos, e que estão associados na Obra apenas para se ajudarem espiritualmente a buscar a santidade e a exercer o apostolado, com uns meios ascéticos e uns modos apostólicos peculiares. A finalidade espiritual da Obra não faz distinção entre raças ou povos — ela só vê almas —, e por isso exclui-se qualquer ideia de partido ou perspectiva política.

E assim em tudo: naquilo que não se refere ao espírito e ao apostolado da Obra, estais unidos apenas por um compromisso de fé, de moral e de doutrina social, que é o espírito da Igreja Católica e, portanto, de todos os fiéis.

Deveres cívicos

45 Este compromisso de doutrina e de vida que a Igreja Católica nos dá e que vos impulsiona, meus filhos, a servir a Deus servindo vossa pátria, materializa-se em alguns pontos firmes e inabaláveis da verdade. São princípios indiscutíveis que constituem o denominador comum — *vinculum fidei* — não vossos, não dos meus filhos, mas de todos os católicos, de todos os filhos fiéis da Santa Madre Igreja.

Digo-vos, a este respeito, qual é o meu grande desejo: gostaria que, no catecismo da doutrina cristã para crianças, se ensinasse claramente quais são esses pontos firmes, sobre os quais não se pode ceder quando se atua de uma forma ou de outra na vida pública; e que, ao mesmo tempo, se afirmasse o dever de agir, de não se abster, de prestar a própria colaboração para servir o bem comum com lealdade e com liberdade pessoal. Este é um grande desejo meu, porque vejo que assim os católicos aprenderiam estas verdades desde crianças e saberiam praticá-las mais tarde quando fossem adultos.

46   De fato, mesmo entre os católicos que parecem responsáveis e piedosos, é frequente o erro de pensar que eles são obrigados a cumprir apenas os seus deveres familiares e religiosos, e dificilmente querem ouvir falar de deveres cívicos. Não se trata de egoísmo: é simplesmente falta de formação, porque nunca ninguém lhes disse claramente que a virtude da piedade — parte da virtude cardeal da justiça — e o sentido da solidariedade cristã concretizam-se também neste estar presente, neste conhecer e contribuir para resolver os problemas que interessam a toda a comunidade.

É claro que não seria razoável pretender que todo cidadão fosse um profissional da política; isto, aliás, é materialmente impossível hoje, mesmo nas sociedades mais reduzidas, devido à grande especialização e à completa dedicação que todas as tarefas profissionais exigem, entre elas a própria tarefa política.

Mas é possível, e se deve exigir, um mínimo de conhecimento dos aspectos concretos que o bem comum adquire na sociedade em que cada um vive, em determinadas circunstâncias históricas; e pode-se exigir também um mínimo de compreensão da técnica — das possibilidades reais e limitadas — da administração pública e do governo civil, porque sem esta compreensão não pode haver uma crítica serena e construtiva, nem opções sensatas.

CARTA 3

É, portanto, conveniente que existam muitas possibilidades de adquirir um profundo sentido social e de cooperação para alcançar o bem comum. Já vos falei desta medida concreta do catecismo; mas, também no campo da pedagogia escolar — da formação humana —, seria bom que os professores, sem impor critérios pessoais naquilo que é opinável, ensinassem o dever de atuar livre e responsavelmente no campo das tarefas cívicas.

Somos de Deus, no mundo. Liberdade de ação, pessoalmente responsável

47 Mas voltemos à Obra e a vós, meus filhos. Já sabeis que, como Nosso Senhor, também eu gosto de usar parábolas, recorrendo sobretudo àquelas imagens de pesca — barcos e redes —, que têm um sabor tão evangélico. Nós somos como peixes apanhados numa rede. O Senhor pescou-nos com a rede do seu amor, entre as ondas deste nosso mundo revolto; porém, não para nos tirar do mundo — do nosso ambiente, do nosso trabalho ordinário —, mas para que, sendo do mundo, sejamos ao mesmo tempo totalmente dEle. *Non rogo ut tollas eos de mundo, sed ut serves eos a malo*[72]; não te peço que os tires do mundo, mas que os preserves do mal.

---

[72] Jo 17, 15.

Além disso, esta rede, que nos une a Cristo e nos mantém unidos entre nós, é uma rede amplíssima, que nos deixa livres, com responsabilidade pessoal. Porque a rede é o nosso denominador comum — pequeníssimo — de cristãos que querem servir a Deus na sua Obra; é a formação católica que nos leva a cumprir com a máxima fidelidade o Magistério da Igreja.

Porque somos livres como peixes na água, e porque fomos apanhados na rede de Cristo, não confundimos a Igreja com os erros pessoais de nenhum homem e não toleramos que alguém confunda os nossos próprios erros pessoais com os da Igreja. Não existe o direito de envolver a Igreja com a política, com a atuação política, mais ou menos acertada e sempre opinável, de cada um: isso é muito cômodo e muito injusto. Também não se tem o direito de envolver a Obra com os erros ou acertos de cada um de vós.

48 Se houver erros, será em parte porque é quase impossível não os cometer, tratando-se de uma tarefa tão complexa como essa, na qual ninguém pode ter plenamente nas mãos os inúmeros dados envolvidos em qualquer problema grave. Mas, mesmo no caso de erros que poderiam ter sido evitados — erros por negligência, falta de prudência etc. —, a Igreja ou a Obra não devem arcar de forma alguma com esta responsabilidade.

Porque a verdade é que, se houver erros deste tipo, será sempre *apesar da Igreja, apesar da Obra*, que incentivam todos os seus filhos a cumprir com a maior perfeição humana possível — pois, sem essa perfeição humana, não se pode aspirar à perfeição sobrenatural — todas as suas tarefas pessoais.

Em suma: deveis estar presente de forma ativa, livre e responsável na vida pública. Refiro-me à obrigação de trabalhar neste terreno da forma que melhor corresponda à mentalidade de cada um, às circunstâncias e necessidades do país etc. Se vos falo deste tema é porque tenho o dever de vos dar critérios, e o faço como sacerdote de Jesus Cristo e como vosso Padre, sabendo que é minha responsabilidade estar acima de facções e interesses de grupo.

Nunca vos perguntei, nem jamais perguntarei — e o mesmo farão os Diretores da Obra em todo o mundo —, o que cada um pensa sobre estas questões, porque defendo a vossa legítima liberdade. Eu sei — e não tenho nada a dizer contra isso — que entre vós, minhas filhas e filhos, há uma grande variedade de opiniões. Respeito todas elas; sempre respeitarei qualquer opção temporal de cada um dos meus filhos, desde que esteja dentro da Lei de Cristo.

Meus critérios pessoais em assuntos políticos não são do vosso conhecimento, porque eu não os manifesto: e, quando houver sacerdotes na Obra, eles deverão seguir a mesma regra de conduta, pois a sua missão será, como a minha, exclusivamente espiritual.

De resto, mesmo que conhecêsseis meus critérios pessoais, não teríeis nenhuma obrigação de segui-los. A minha opinião não é um dogma — os dogmas só são estabelecidos pelo Magistério da Igreja, no que diz respeito ao depósito da fé — e as vossas opiniões também não são dogmas. Seríamos incoerentes se não respeitássemos opiniões diferentes daquelas que cada um de nós tem: como também o seriam os meus filhos se não exercessem o direito de expressar as suas orientações políticas em assuntos de livre discussão.

Já vos disse o porquê: porque, se os católicos responsáveis não intervierem nesses assuntos temporais — com total acordo sobre seu *denominador comum*, e com suas diferentes formas de julgar o que é opinável —, dificilmente esse campo deixaria de ficar nas mãos de pessoas que não levam em conta os princípios do direito natural, nem o verdadeiro bem comum da sociedade, nem os direitos da Igreja: nas mãos de pessoas que, além disso, não estão acostumadas a respeitar opiniões contrárias às suas. Ou seja, sem este espírito cristão de consideração dos princípios intangíveis e da legítima liberdade de escolha no que é opinável, não pode haver paz, nem liberdade, nem justiça na sociedade.

50 Jamais falo sobre questões contingentes da política, e já expliquei que ajo assim porque a minha missão é exclusivamente espiritual. Mas há outra razão: é que os Diretores da Obra nunca podem impor um critério político ou profissional — temporal, numa palavra — aos seus irmãos.

Na Igreja, é somente a Hierarquia eclesiástica ordinária que tem o direito e o dever de dar orientação política aos católicos, de lhes fazer ver a necessidade — caso realmente julgue existir tal necessidade — de adotar uma determinada posição nos problemas da vida pública.

E, quando a Hierarquia intervém desta forma, isso não é clericalismo de forma alguma. Todo católico bem formado deve saber que é responsabilidade da missão pastoral dos bispos dar critérios nos assuntos públicos quando o bem da Igreja assim o exigir; e os católicos bem formados também sabem que esta intervenção cabe unicamente, por direito divino, aos bispos; porque somente eles, estando em comunhão com o Romano Pontífice, têm função pública de governo na Igreja: já que *Spiritus Sanctus posuit episcopos regere Ecclesiam Dei*[73], o Espírito Santo pôs os bispos para reger a Igreja de Deus.

---

73 *At* 20, 28.

Unidade e liberdade dos católicos

51   Vede, filhos da minha alma, a grande necessidade que existe de formar os católicos com um fim determinado: de conduzi-los à unidade nas coisas essenciais, deixando, ao mesmo tempo, que usem sua legítima liberdade, com caridade e compreensão para com todos, nas questões temporais. Liberdade: chega de dogmas nas coisas opináveis.

Não está de acordo com a dignidade e com a própria psicologia dos homens esse fixar arbitrariamente verdades absolutas onde necessariamente cada um deve contemplar as coisas do seu ponto de vista, segundo seus interesses particulares e com a sua experiência pessoal. De resto, um partido único — consequência necessária de se ter implantado uma única opção possível — não serve para conduzir por muito tempo a vida pública de um país, porque acaba se desgastando, acaba perdendo a simpatia e a confiança das pessoas, ainda que a gestão tenha sido positiva em seu conjunto e não tenha havido imoralidades. Eu, sinceramente, acho que as coisas são assim, mas posso estar errado: não seria a primeira vez.

52   Outra advertência, filhos, embora talvez seja supérflua, porque, se tiverdes meu espírito, dificilmente querereis agir assim na vida pública.

CARTA 3

A advertência é esta: não sejais *católicos oficiais*, católicos que fazem da religião um trampolim, não para saltar para Deus, mas para galgar as posições — as vantagens materiais: honras, riquezas, poder — que ambicionam. Uma pessoa séria dizia com bom humor, talvez exagerando, que eles põem *os olhos no céu e as mãos naquilo que consigam alcançar*.

Aqueles católicos que fazem do chamar-se católicos sua profissão — profissão na qual têm o direito de admitir alguns e rejeitar outros — querem negar o princípio da responsabilidade pessoal, sobre o qual se baseia toda a moral cristã: porque aquele que não pode fazer uso de sua legítima liberdade não tem direito a remuneração por suas boas ações, nem pode receber o castigo por suas más ações ou omissões.

Eles negam o princípio da responsabilidade pessoal, dizia-vos eu, e querem que todos os católicos de um país formem um bloco compacto, renunciem a todas as suas opiniões temporais livres, para apoiar massivamente um único partido, um único grupo político, do qual eles — os católicos oficiais — são os amos e que, portanto, também é *oficialmente católico*.

Mas como vão conseguir que os outros cidadãos católicos abdiquem habitualmente dos seus direitos para se submeterem a um monopólio que não tem razão de ser? Eles o conseguem, muitas vezes, com o que vamos denominar *um engano*, embora eu não

53

queira julgar a boa-fé com que agem. O engano consiste em confundir os católicos, pedindo-lhes esta unidade inútil e absurda no que é opinável em nome da necessária e lógica unidade no que diz respeito à fé e à moral da Igreja.

Com campanhas políticas bem-organizadas, conseguem desconcertar a opinião pública, fazendo-a acreditar que só eles podem ser baluarte, defesa da Igreja naquelas circunstâncias concretas do seu país. Às vezes, chegam a criar — e a manter depois, enquanto possam — uma situação artificial de perigo, a fim de que os cidadãos católicos se convençam mais facilmente da necessidade de sacrificar suas livres opções temporais e apoiem o partido que assumiu *oficialmente* a defesa da Igreja.

Não vos surpreendais de que, às vezes, o engano seja tão hábil que nem as próprias autoridades eclesiásticas o percebam, vindo de alguma forma a apoiar aquele partido *confessional* e reforçando, assim, oficialmente o seu caráter e a sua pretensão de se impor às consciências dos fiéis.

54 Não quero dizer que todos os partidos oficialmente católicos devam basear-se neste engano: há aqueles que realmente cumprem uma função de serviço, de defesa dos interesses da Igreja, dando forma unitária e força aos cidadãos católicos. Contudo, parece-me quase impossível — a experiência é

muito clara — que um partido *oficialmente* católico, ainda que tenha nascido servindo à Igreja, não acabe servindo-se da Igreja.

Porque, mais cedo ou mais tarde, a situação excepcional que exigiu uma unidade especial entre os católicos na vida pública, tende a se normalizar e, portanto, tende a desaparecer a necessidade do partido único e obrigatório dos católicos.

Então, costuma acontecer algo muito humano, mas muito desagradável: que os católicos *oficiais* que mandam naquele partido não estejam dispostos a perder sua situação de privilégio, ao que tentam mantê-la a todo custo. Para isso, não é difícil que cheguem a fazer uma *chantagem moral*: ou continuam no poder, com o apoio da Hierarquia, ou tudo desmorona, porque os inimigos da Igreja terão o caminho aberto.

Têm razão: com a sua política exclusivista, tirânica, conseguiram atrofiar e pôr fora de jogo todas as outras organizações e grupos constituídos por católicos, e só eles estão em condições de agir com certa força. Chega assim o momento em que a Igreja se sente comprometida, amarrada com uma corda dupla ao destino do partido católico *oficial*.

Não se servir da Igreja

Não vos surpreenda que possa acontecer uma coisa desse gênero. Pensai, meus filhos, que o poder temporal costuma deformar, com o tempo, aquele que o possui e o exerce. Não é incomum, portanto, que um católico com pouca formação doutrinal e pouca vida interior sinta a tentação de utilizar qualquer meio para manter a posição que alcançou na vida pública: e que acabe fazendo o possível e o impossível para se manter no poder, chegando mesmo comprometer a própria consciência, deformando-a.

Compreendemos claramente que o que eu disse pode acontecer; mas não podemos tolerar que isso aconteça, porque assim toda a Igreja acaba prisioneira: prisioneira a Hierarquia, amarrada ao carro do partido oficial; e prisioneiros os fiéis, impedidos de exercer sua legítima liberdade.

Disto devemos deduzir, meus filhos, que temos o dever de amar a liberdade de todos e de servir a Igreja, evitando tudo o que possa significar servir-se da Igreja para fins políticos de uma parcela. Só podemos nos servir da Igreja para encontrar as fontes da graça e da salvação; isso significa renunciar aos próprios interesses, sacrificar-se com alegria para que Cristo reine na terra, ter pureza de intenção. Com esta mentalidade deverão ir à política aqueles meus filhos que tenham essa nobre inclinação: de servir a sua pátria, de defender as liberdades humanas e estender o reinado de Jesus Cristo.

Por isso, evitarão ser *católicos oficiais* e procurarão lutar lealmente com as mesmas armas que os outros, apresentando-se como aquilo que são: cidadãos comuns iguais aos demais, católicos responsáveis, que mantêm a unidade com os outros católicos no que é essencial, mas que não querem criar dogmas no acidental, em questões temporais opináveis.

Esta é a razão limpa e transparente pela qual entre estes meus filhos sempre haverá — é lógico e bom que haja — diferentes maneiras de entender quais são os meios mais aptos, em cada circunstância, para buscar o bem comum da sociedade em que vivem.

Todos eles puxarão o carro na mesma direção — Deus, bem comum de todos os homens —, mas com diferentes estados de ânimo, com opiniões muito diferentes — e até opostas — sobre as questões temporais opináveis. Assim não podem comprometer a Igreja, assim não podem comprometer a Obra.

Apesar de tudo, alguns — muitas das pessoas com quem falei — parecem não querer compreender estas ideias tão claras. Tenhamos paciência, deixemos o tempo correr e peçamos a Deus que lhes dê luzes, e eles chegarão a compreender.

Perigos da política. Humildade

57   Já vos falei longamente sobre este ponto da política, porque cabe a vós, meus filhos, afirmar o reinado de Jesus Cristo em todos os campos da atividade humana, em todas as tarefas temporais. Além disso, porque aqueles de vós que trabalharem livremente em assuntos públicos deverão levar muito em consideração os perigos da política.

Já aludi a estes riscos: falei-vos do perigo de que o exercício do poder possa chegar a deformar a consciência, do perigo de não respeitar a justa liberdade dos outros e do perigo de comprometer a Igreja ou a Obra. Mas há perigos ainda mais gerais: o da ambição, o das paixões — nacionalismo, partidarismo etc. —, o de perder a visão sobrenatural e esquecer a ação divina no mundo e nos corações.

As palavras da Sagrada Escritura caem aqui como uma luva: *As coisas que Deus fez são boas a seu tempo. Ele pôs, além disso, no seu coração, a duração inteira, sem que ninguém possa compreender a obra divina de um extremo ao outro*[74]; isto é, sem que o homem possa compreender a admirável sabedoria que brilha e brilhará nas obras do Criador, desde o princípio até o fim do mundo. Com discussões e rivalidades políticas, o homem esquece facilmente que é o

---
[74] *Ecl* 3, 11.

Senhor quem faz, quem promove tudo o que é bom e quem nos libertou.

Para evitar esse veneno, esses perigos — que não devem afastar desta tarefa aqueles de vós que tenhais essa *vocação* específica, que é sempre um trabalho profissional —, o antídoto está nos meios ascéticos, à disposição de todos os filhos de Deus na sua Obra para se santificarem no meio do mundo, na rua: *o espírito de pobreza*, desprendimento verdadeiro dos bens temporais; e o *espírito de humildade*, desprendimento das glórias humanas, do poder: são os frutos saborosos da alma contemplativa na ação profissional.

Insisto especialmente no espírito de humildade: porque sabeis — repito-vos continuamente — que o amor-próprio e o orgulho são, para a alma, muito mais insidiosos e muito mais nocivos do que *a concupiscência da carne e a concupiscência dos olhos*[75], que são perigos mais fáceis de descobrir e combater. Por isso peço aos meus filhos que estejam vigilantes e não se deixem seduzir por essa glória vã, por essa fumaça de soberba de que está carregada a atmosfera da vida pública. Veja o que São Paulo nos diz: *nemo se seducat. Si quis videtur inter vos sapiens esse in hoc saeculo, stultus fiat ut sit*

---

[75] 1 Jo 2, 16.

sapiens[76]. Ninguém engane a si mesmo. Se algum de vós se considera sábio segundo o mundo, faça-se estulto aos olhos dos mundanos, para ser sábio aos olhos de Deus.

59 Entendei-me: vossa humildade não deve ser a mesma dos religiosos, que são chamados pelo Senhor a fugir do mundo, a viver o *contemptus saeculi*, o desprezo pelas realidades temporais, ainda que essas realidades terrenas, consideradas em si mesmas, não constituam ofensa a Deus. A vossa humildade, filhas e filhos da minha alma, deve ser a humildade dos cristãos, que devem amar o mundo, apreciar todas as coisas temporais que Deus deu ao homem para o servir; a vossa humildade deve ser a das almas chamadas a ser do mundo, mas sem ser mundanas, sem tolerar que as coisas temporais — instrumentos de trabalho — para o serviço de Deus, se prendam ao coração e impeçam o progresso espiritual, que tende à perfeição da caridade.

O poder, o mando, a autoridade — junto com as honras que necessariamente devem acompanhar e sustentar essas funções sociais — não são coisas ruins em si mesmas, muito menos para os leigos que devem se santificar no meio delas. São coisas boas, positivas, ordenadas por sua própria natureza ao bem do homem e à glória de Deus. Elas não são

---
[76] 1 *Cor* 3, 18.

um mal necessário, nem um mal menor: nem, em igualdade de condições, pode-se dizer que é mais perfeito abster-se delas do que utilizá-las.

O ensinamento de São Paulo é claríssimo: *toda pessoa está sujeita a poderes superiores: porque não há poder que não venha de Deus, e Deus foi quem estabeleceu os que existem no mundo. Portanto, quem desobedece aos poderes, à ordem ou à vontade de Deus desobedece... Porque aquele que governa é um ministro de Deus colocado para o teu bem... Por esta mesma razão, pagais a eles os tributos, porque eles são ministros de Deus, a quem nisto mesmo servem. Pagai, pois, a todos o que lhes é devido: a quem se deve o tributo, tributo; a quem o temor, temor; a quem a honra, honra*[77]. E, antes, o próprio Jesus Cristo o havia ensinado, dizendo a Pilatos: *não terias poder algum sobre mim se não te fosse dado do alto*[78].

Mas o poder, sendo necessário e bom como é, não deixa de ser para o homem caído — *pronus ad peccatum*, inclinado ao pecado — mais uma ocasião de apego, vanglória, presunção, esquecimento de Deus, como tantas outras coisas boas que podem tornar-se más pela malícia dos homens.

Por isso, os cristãos comuns que devem santificar-se nestas coisas públicas — também vós, minhas

---

77 *Rm* 13, 1-6.
78 *Jo* 19, 11.

filhas e filhos, se escolhestes livremente esta atividade profissional, que é parte da vossa vocação divina — devem estar vigilantes, retificando constantemente a intenção.

Retidão de intenção. Desprendimento. Respeitar as opiniões dos outros

61 Aqui, é muito oportuno recordar aquela manifestação tão heroica da retidão de intenção, da verdadeira humildade no serviço de Deus, que sempre se deve viver em Casa: refiro-me à disposição de todos os meus filhos de abandonar o trabalho pessoal mais florescente — pode ser também um trabalho político — para se dedicar a outras tarefas profissionais externamente menos brilhantes, caso o bem do apostolado o exija e os que têm autoridade na Obra assim o decidirem.

Esta decisão habitual é uma amostra muito evidente de desprendimento, pois para nós dá no mesmo trabalhar aqui ou ali, desde que saibamos que nosso trabalho é um serviço a Deus e a todas as almas: com este espírito, os meus filhos aprendem a agradar a Deus em tudo o que fazem e a evitar o contágio do desejo desordenado de poder e das ambições pessoais.

Porque sabem ceder, respeitar a opinião legítima dos outros, agir em tudo com *o estilo* dos filhos de

Deus, tanto na Obra quanto na vida pública em concreto, eles não esquecerão de que a sua missão é servir sem esperar gratidão nem honra dos homens, tendo apenas o desejo de agradar a Jesus, *cui servire regnare est*. Desta forma, serão sem dúvida mais eficazes e, sobretudo, santificar-se-ão em todas as suas atividades pessoais, que — com a graça de Deus — terão sabido converter em instrumento de santificação e apostolado, com um extensíssimo raio de ação.

62 Quando vos falo do apostolado do exemplo, da ação pessoal livre e responsável, de nunca ser *católicos oficiais*, talvez alguém possa pensar que, para tornar mais eficaz este acesso apostólico a todos os ambientes e para dar mais facilmente este exemplo cristão, seria conveniente guardar sigilo quanto ao fato de pertencer à Obra.

Vede: não é assim. *Odeio o segredo*, que muitas vezes só serve para fazer o mal ou para diluir a responsabilidade. Não admito outro segredo que não o da confissão: e digo-o sempre a todos aqueles que alguma vez se aproximam de mim com a pretensão de me dizer algo em segredo.

Certamente agora, porque estamos no início deste trabalho *divino*, da nossa Obra de Deus, é absolutamente necessário não divulgar imprudentemente o nosso caminho, porque poucos estão em condições de entender esta novidade. Mas esta nossa atitude temporária é a mais natural: é *o segredo da gestação*.

Todos os seres que têm vida precisam de certo tempo de proteção — mais ou menos longo —, antes de virem à luz; precisam de algumas condições particulares que possibilitem seu primeiro desenvolvimento, seu amadurecimento. A natureza faz isso com as plantas e com os animais e com os homens; é, portanto, perfeitamente *natural* que tenhamos o mesmo cuidado com a Obra, que é um organismo vivo, que está iniciando sua atividade. Por outro lado, é assim que todas as instituições apostólicas começaram ordinariamente: sem espetáculo, sem barulho. Infelizmente ou felizmente, é previsível que de fazer barulho sobre a Obra de Deus outros já se encarregarão.

63 Devemos ter uma santa impaciência por comunicar o fogo divino que o Senhor fez arder em nossos corações a todas as almas que estão ao nosso redor, e até mesmo às mais distantes: mas, enquanto não chegue a aprovação da Santa Igreja, convém agir com prudência — de acordo com o Revmo. Ordinário do lugar, como sempre fizemos —, dando a conhecer afirmativamente às pessoas a realidade da Obra. Fique, porém, muito claro que esta forma de proceder não é, de forma alguma, guardar segredos: trabalhamos à vista de todo o mundo, e,

de fato, só os cegos e os surdos podem desconhecer a nossa Obra.

Alguns, pelo que vejo, levados por sua incompreensão — vede que não sou duro em julgar —, gostariam que meus filhos, por terem essa maravilhosa dedicação ao serviço de Deus, levassem nas costas um cartaz que dissesse mais ou menos: *saibam que eu sou um bom rapaz*. E eles não percebem que nós — que não somos, nem nunca seremos religiosos, juridicamente, canonicamente — trabalhamos com sentido sobrenatural, da mesma forma como uma associação de fiéis.

E ninguém pensa em fazer, por exemplo, com que um médico que pertença a uma ordem terceira coloque em seus cartões de visita: "Fulano de Tal, terciário franciscano, doutor em Medicina." Portanto, a nossa forma de agir não pode ser classificada como segredo: porque não se trata de tentar dissimular o que somos. Pelo contrário, trata-se simplesmente de naturalidade: de não querer simular o que não somos, porque somos cristãos comuns, iguais aos demais cidadãos.

Trabalhar com naturalidade. Humildade pessoal. Heroísmo na humildade coletiva

Para serdes eficazes, portanto, deveis trabalhar com naturalidade, sem ostentação, sem tentar

64

chamar a atenção, passando despercebidos, como passa despercebido um bom pai que educa seus filhos de maneira cristã, um bom amigo que dá um conselho cheio de sentido cristão ao seu amigo, um industrial ou empresário que cuida de que seus trabalhadores estejam bem atendidos espiritual e materialmente.

Deveis trabalhar — portanto — silenciosamente, mas sem mistérios nem segredos, que nós nunca utilizamos e nunca utilizaremos: porque os segredos não são necessários para servir a Deus e, além do mais, são repugnantes às pessoas que têm limpeza na consciência e na conduta. Silenciosamente: com uma humildade pessoal tão profunda que necessariamente vos leve a viver a humildade coletiva, a não querer receber cada um a estima e o apreço que merecem a Obra de Deus e a vida santa dos seus irmãos.

Essa humildade coletiva — que é heroica e que muitos não entenderão — leva os que fazem parte da Obra a passarem ocultos entre os seus iguais no mundo, sem receber aplausos pela boa semente que plantam, porque os outros dificilmente a perceberão, nem conseguirão explicar totalmente esse *bonus odor Christi*[79] que inevitavelmente a vida dos meus filhos exala.

---

79   Cf. *2 Cor* 2, 15; "*bonus odor Christi*": "o bom odor de Cristo".

Devemos ter muito metidas em nossa vida de almas entregues ao serviço do Senhor aquelas palavras suas: *guardai-vos de fazer vossas boas obras na presença dos homens, para que vos vejam; caso contrário, não recebereis a recompensa do vosso Pai que está nos céus*[80].

A virtude teologal da esperança dá-nos um apreço tão grande pelo prêmio que nosso Deus Pai nos prometeu que não queremos correr o risco de perdê-lo por falta de humildade coletiva; não queremos que se apliquem a nós aquelas outras palavras de Jesus, por termos buscado o aplauso dos homens: *amem, dico vobis, quia receperunt mercedem suam*[81]; eles já receberam sua recompensa. Triste negócio!

Por isso, não queremos ser elogiados nem apregoados: queremos trabalhar caladamente, com humildade, com alegria interior — *servite Domino in laetitia*[82] —, com um entusiasmo apostólico que não se desvirtua precisamente porque não extravasa em ostentação, em manifestações pomposas. Queremos que haja em todas as profissões, em todas as tarefas humanas, grupos selecionados de homens e mulheres que, sem bandeiras desfraldadas nem etiquetas chamativas, vivam santamente e influenciem seus colegas de trabalho e a sociedade,

---

[80] Mt 6, 1.
[81] Mt 6, 16.
[82] Sl 100 [99], 2; "*servite Domino in laetitia*": "servi ao Senhor com alegria".

para o bem das almas: esse é o empenho exclusivo da Obra.

Compreensão com todas as almas. Não fazer discriminações. Salvar todas as almas

66   Eu sempre vos digo que há aqueles que trabalham como três e fazem o barulho de três mil; queremos trabalhar como três mil, fazendo o barulho de três. Não estou falando nada pejorativo para ninguém; respeito as opiniões contrárias a essa nossa simplicidade no modo de fazer o apostolado. Mas estou convencido de que a unidade espiritual dos cristãos nem sempre necessita de manifestações externas de massas e ações coletivas ruidosas. A unidade não se alcança com congressos e gritarias, mas com a caridade e a verdade.

Entendeis, portanto, que a reserva discreta — nunca *segredo* — em que vos insisto nada mais é do que o antídoto contra a fanfarronice; é a defesa de uma humildade que Deus quer que seja também coletiva — de toda a Obra —, não só individual; é, ao mesmo tempo, um instrumento de maior eficácia no apostolado do bom exemplo, que cada um desenvolve pessoalmente em seu próprio ambiente familiar, profissional e social.

Porque não podemos esquecer, filhas e filhos da minha alma, que toda a nossa vida — por chamada divina — é apostolado. Nasce daí — o estais experimentando, e todos os vossos irmãos que vierem depois o experimentarão — o desejo constante de se relacionar com todos os homens, de superar qualquer barreira na caridade de Cristo.

Daí nasce em nós a preocupação cristã de fazer desaparecer qualquer forma de intolerância, coação e violência no relacionamento entre os homens. Também na ação apostólica — melhor: principalmente na ação apostólica —, queremos que não haja o menor sinal de coação. Deus quer ser servido na liberdade, e portanto não seria reto um apostolado que não respeitasse *a liberdade das consciências.*

Compreensão, portanto, embora às vezes haja quem não queira compreender: o amor por todas as almas deve levar-vos a amar todos os homens, a desculpar, a perdoar. Deve ser um amor que cubra todas as deficiências das misérias humanas; deve ser uma caridade maravilhosa: *veritatem facientes in caritate*[83], seguindo a verdade do Evangelho com caridade.

Tende em mente que a caridade, mais do que dar, está em compreender. Não escondo que estou aprendendo, na minha própria carne, o que custa não ser compreendido. Sempre me esforcei por me fazer entender, mas há quem esteja empenhado

---
83   Cf. *Ef* 4, 15.

em não me entender. Também por isso quero compreender a todos; e sempre deveis esforçar-vos por compreender os outros.

No entanto, não é um impulso circunstancial o que nos leva a ter esse coração católico amplo, universal. Este modo de agir pertence à própria essência da Obra, porque o Senhor quer que estejamos em todos os caminhos da terra, lançando as sementes da compreensão, da desculpa, do perdão, da caridade, da paz. Nunca nos sentiremos inimigos de ninguém. A Obra nunca poderá fazer discriminações, nunca quererá excluir ninguém do seu apostolado: senão, trairia o seu próprio fim, a razão pela qual Deus a quis na terra.

68   Não consigo ver como alguém possa viver segundo o coração de Jesus Cristo e não se sentir enviado, como Ele, *peccatores salvos facere*[84], para salvar todos os pecadores. A atitude do cristão, portanto, não pode ser diferente daquela indicada por São Paulo: *recomendo, portanto, acima de tudo, que se façam súplicas, orações, petições e ações de graças por todos os homens... Porque isso é bom e agradável aos olhos de Deus, nosso Salvador, que quer que todos os homens se salvem e cheguem ao conhecimento da verdade*[85].

---

84   1 Tm 1, 15.
85   1 Tm 2, 1-4.

O próprio São Paulo oferece-nos o seu exemplo pessoal para praticar esta doutrina: *fiz-me fraco para os fracos, para conquistar os fracos; fiz-me tudo para todos*[86], *para salvar a todos*. Este é, minhas filhas e filhos, o espírito que lhes ensinei a praticar. Um espírito que é uma manifestação bem real de *diversidade prática*, de espírito aberto, disponibilidade sem limites.

Esta doutrina me foi dada por Deus, para que eu vo-la dê: e vós deveis vivê-la sempre com o vosso trabalho em tantas tarefas humanas, que se desenvolverão ao longo do tempo em todos os recantos da terra, para contribuir a promover a unidade verdadeira, o relacionamento sincero entre todos os homens.

Às vezes, o panorama pode parecer-vos desanimador: porque percebereis a insignificância humana do vosso esforço, diante de todo um mundo que não conhece a compreensão. Tendes razão: já se disse que o mundo sempre acaba dividido em duas metades, e uma se dedica a falar mal da outra. Mas, precisamente porque sobra desunião e incompreensão, Deus nos quer em todos os caminhos dos homens, para que vivamos pessoalmente a compreensão de Cristo e a ensinemos a ser vivida.

Não pretendemos mudar tudo em poucos dias. Digo-vos mais, algo que entristece: talvez nós, os

---
[86] 1 Cor 9, 22.

cristãos, nunca venhamos a estabelecer plenamente na terra este clima de unidade. Mas isso não significa que não tenhamos esta meta diante dos olhos: se formos fiéis — dóceis à graça de Deus —, chegaremos até onde queira Deus; claro, muito além do que jamais poderíamos sonhar.

Se me perguntardes sobre os meios para obter esse fim de caridade, responderei que os tendes em nossos *modos* apostólicos peculiares, que são manifestações naturais do espírito sobrenatural da Obra. Primeiro, como sabem, o trabalho de amizade e confidência entre os jovens de todas as classes sociais, que são a esperança da realidade de amanhã e que agora está frutificando.

Depois, a prática constante das virtudes da convivência, oferecendo a Deus com alegria, sem que se note, os inevitáveis atritos entre as diferentes personalidades, mentalidades e gostos: *cum omni humilitate et mansuetudine, cum patientia supportantes invicem in caritate*[87]; com toda a humildade e mansidão, com paciência, suportando-vos uns aos outros com caridade.

Não humilhar ninguém. Santa transigência

70   Não exagereis essas dificuldades. Uma alma contemplativa sabe ver Jesus Cristo nos que a

---
87   *Ef* 4, 2.

rodeiam, e não lhe custa suportar tudo o que aborrece na convivência com seus irmãos, os homens. Além disso, suportar parece-lhe pouco: o que quer é construir, imitar Jesus Cristo com a sua caridade sem limites, com a sua capacidade de ceder e conceder em tudo o que é pessoal, em tudo o que não implique em ofensa a Deus.

E assim nós, mais fortes na fé — dir-vos-ei com São Paulo —, *devemos suportar as fraquezas dos menos firmes e não nos deixar levar por uma vã complacência para com nós mesmos. Ao contrário, cada um de vós procure agradar o próximo naquilo que é bom e pode edificá-lo*[88].

Também vos ensinei, meus filhos e filhas, uma regra prática, essencial para a convivência, para edificar os outros na caridade: não discutir, não pretender convencer os outros com a dialética, pois muitos não têm a disposição de ceder sem se sentirem humilhados ao reconhecer a razão de quem fala como adversário. *Tratai com caridade o que ainda é fraco ou pouco instruído na fé, sem entrar em disputas de opinião*[89]. Expõe-se a verdade serenamente, de forma positiva, sem polêmica, sem humilhar, deixando sempre ao outro uma saída honrosa, para que reconheça sem dificuldade que estava equivocado, que lhe faltava formação ou informação. Às vezes, a caridade mais fina consistirá em deixar que o

---

88 *Rm* 15, 1-2.
89 *Rm* 14, 1.

outro fique com a convicção de que chegou, por conta própria, a descobrir uma nova verdade. Não discutais: em vez disso, fazei estudar os problemas com calma, fornecendo doutrina escrita.

71   Com esta disposição entregue, não duvideis de que o Senhor concederá a nós, cristãos, o que São Paulo pedia: *queira o Deus da paciência e da consolação conceder-vos a graça de estardes sempre unidos em sentimentos e afetos segundo o Espírito de Jesus Cristo, para que, tendo um só coração e uma só boca, unanimemente glorifiqueis a Deus, o Pai de Nosso Senhor Jesus Cristo*[90].

Esta dedicação, esta compreensão, esta caridade, esquecendo dos nossos direitos, faz-nos ceder — conceder — em tudo o que seja nosso, em todas as nossas coisas pessoais, até onde chegou Jesus Cristo. O Senhor nos disse para aprendermos com Ele: *discite a me quia mitis sum et humilis corde*[91]; para viver essa mansidão, essa humildade, essa santa transigência com tudo o que é pessoal, basta-nos contemplar Jesus, que *semetipsum exinanivit formam servi accipiens, in similitudem hominum factus et habitu inventus ut homo*[92]; que se aniquilou, assumindo a forma de servo, tornando-se semelhante aos demais homens e reduzido à condição de homem.

---

90   *Rm* 15, 5-6.
91   *Mt* 11, 29.
92   *Fl* 2, 7.

A aniquilação de Nosso Senhor não teve limites. Sua santa transigência chegou até a morte mais ignominiosa: *humiliavit semetipsum factus obediens usque ad mortem, mortem autem crucis*[93]; aniquilou-se a si mesmo, sendo obediente até à morte, e morte de cruz. E o fez por amor aos homens, a quem chama de amigos, mesmo que não queiram sê-lo. *Vos autem dixi amicos*[94], diz aos discípulos que vão deixá-lo sozinho na hora da prova. *Amice, ad quid venisti?*[95], a que vieste, amigo?, diz ao próprio Judas, que vem entregá-lo.

E por amor a todos — aos seus amigos que querem ser fiéis, apesar de estarem cheios de misérias; e aos que não querem ser seus amigos —, Jesus Cristo deixa-se maltratar, insultar, crucificar. *Maiorem hac dilectionem nemo habet, ut animam suam ponat quis pro amicis suis*[96]; ninguém tem maior amor do que aquele que dá a vida pelos seus amigos.

Santa intransigência. Por amor a Deus; não por interesses pessoais

Mas Jesus Cristo não nos deu apenas o exemplo de santa transigência; Ele também nos deu o exemplo claríssimo da santa intransigência nas coisas

---
93 Fl 2, 8.
94 Jo 15, 15.
95 Mt 26, 50.
96 Jo 15, 13.

de Deus. Porque Jesus não transige com o erro — aquelas terríveis repreensões aos fariseus! —, nem tolera que, na sua presença, o Criador seja ofendido impunemente. Contemplai a santa indignação de Cristo, diante do abuso dos mercadores no Templo: *tendo entrado no templo, começou a expulsar os que ali vendiam, dizendo-lhes: está escrito: a minha casa é casa de oração; mas vós fizestes dela um covil de ladrões*[97].

Nós também não podemos tolerar que se ofenda a Deus onde estivermos, caso possamos evitá-lo; se necessário, usaremos também de uma santa coação, acompanhada de toda suavidade possível na forma e respeitando sempre *a legítima liberdade das consciências*. Noutras palavras, agiremos de forma que fique claro que não estamos defendendo interesses pessoais, mas que o fazemos apenas por amor a Deus — *zelus domus tuae comedit me*[98], o zelo por tua Casa consome minhas entranhas — e por amor aos homens, os quais desejamos tirar do erro para evitar que condenem tolamente as suas almas.

73   Por isso, às vezes, minhas filhas e filhos, não teremos outra escolha a não ser passar por momentos difíceis e fazer com que os outros passem por eles, a fim de os ajudar a ser melhores. Não seríamos apóstolos se não estivéssemos dispostos

---
97   *Lc* 19, 45-46.
98   *Jo* 2, 17.

a que interpretem mal nossas ações e reajam de maneira desagradável.

Temos de nos convencer de que os santos — nós não pensamos que somos santos, mas queremos sê-lo — são necessariamente pessoas incômodas, homens ou mulheres — minha Santa Catarina de Sena! — que, com o seu exemplo e a sua palavra, são motivo contínuo de inquietação para as consciências comprometidas com o pecado.

Para quem não quer ter uma vida limpa, nossa delicadeza em guardar o coração deve necessariamente ser como uma reprovação, como um estímulo que não permite que as almas se abandonem ou adormeçam. É bom que seja assim; o filho meu que não queira provocar essas reações nas almas dos que o cercam, aquele que sempre deseja *fazer-se de simpático*, não poderá evitar que ele mesmo ofenda a Deus, pois se tornará cúmplice das desordens alheias. Vivei de tal modo que possais dizer: *inflamatum est cor meum, et renes mei commutati sunt: zelus domus tuae comedit me*[99]; meu coração se inflama e minhas entranhas se comovem: porque o zelo da tua casa me devora.

Relacionamento amável. Amizade com todos

O santo é *incômodo*, eu vos dizia. Mas isso não significa que tenha de ser *insuportável*. Seu zelo nunca

---
99   *Sl* 73 [72], 21; 69 [68], 10.

deve ser um zelo amargo; sua correção nunca deve ferir; seu exemplo nunca deve ser uma *bofetada moral*, dada na cara de seus amigos. A caridade de Cristo — essa santa transigência com as pessoas de que vos falava — deve suavizar tudo, de modo que nunca se possa dizer de um dos meus filhos o que se pode dizer — às vezes, infelizmente, com razão — de certas pessoas boas: *que para aturar santo são necessários dois santos.*

Nossa atitude deve ser a oposta: não queremos que ninguém se afaste de nós por não termos sabido compreendê-lo ou tratá-lo com carinho. Nunca devemos ser pessoas que vão comprando brigas. Sigamos o conselho de São Paulo: *vivei em paz com todos os homens se for possível, enquanto depender de vós*[100].

Esforçamo-nos por viver em paz, mesmo quando os outros não querem: abençoai os que vos perseguem: abençoai-os e não os amaldiçoeis. A ninguém devolvais o mal com o mal, procurando fazer o bem, não só diante de Deus, mas também diante de todos os homens[101]. Nunca tratamos ninguém como inimigo, porque não podemos ser inimigos de ninguém.

75   Mais ainda, iremos positivamente fazer amigos, ganhar amigos para os tornar amigos de Jesus Cristo.

---
100 *Rm* 12, 18.
101 *Rm* 12, 14.17.

O Senhor quer servir-se de nós — da nossa relação com os homens, desta nossa capacidade, que Ele mesmo nos deu, de amar e ser amados — para que Ele continue a fazer amigos na terra; assim como se serviu de João Batista para encontrar o outro João, aquele que seria seu amigo predileto, aquele que vemos encostado no peito de Jesus naquela noite encantadora da Última Ceia: *erat ergo recumbens unus ex discipulis eius in sinu Iesu, quem diligebat Iesus*[102].

Façamos amigos entre os nossos colegas de trabalho, entre aqueles que vivem em nosso meio, mesmo que estejam longe de Deus; posso até dizer que destes devemos nos aproximar mais, porque eles precisam mais de nós. Precisam de nós, em primeiro lugar, os cristãos preguiçosos, aqueles que não vivem de acordo com a fé que professam; abordemo-los com toda a nossa caridade e com toda a nossa compreensão, oferecendo-lhes uma amizade sincera, autêntica, humana e sobrenatural.

Não vos retraia o perigo *de contágio*; com a nossa vida contemplativa, com a fidelidade ao nosso espírito, às nossas Normas e aos nossos costumes, somos imunes aos seus erros e aos seus exemplos, se não forem cristãos. Como os amamos com o coração de Cristo, Jesus está entre nós e eles, e acabaremos afogando o mal em abundância de bem.

---

[102] Jo 13, 23; "*erat ergo recumbens* [...] *quem diligebat Iesus*": "estava recostado no peito de Jesus um dos discípulos, o que Jesus amava".

76   No entanto, deveis ter muita paciência; deveis fazer o firme propósito de não desanimar, porque o trabalho não é fácil. De fato, a conversão de um mau cristão — católico ou não — é um milagre maior do que a de um pagão: já que os primeiros tendem a entender mal, de forma distorcida, tudo o que lhes dizemos sobre Jesus e sua doutrina, porque diante de seus olhos eles não veem Jesus Cristo, mas uma caricatura de Jesus Cristo.

Diante dessa dificuldade, devemos ser constantes na oração: *rogai também continuamente pelos outros homens, pois neles cabe a esperança da conversão, para que cheguem a Deus. Fazei com que, pelo menos por vossas obras, sejam instruídos por vós... Oponde, às suas blasfêmias, as vossas orações; aos seus extravios, a vossa firmeza na fé; à sua crueldade, a vossa doçura. Mostremo-nos seus irmãos, por nossa amabilidade: esforcemo-nos apenas por imitar o Senhor*[103].

Vede, filhas e filhos da minha alma, qual é o motivo último da nossa abertura de espírito, do nosso querer compreender a todos: é o afã apostólico. Se fugíssemos daqueles que não conhecem ou não praticam a fé de Cristo, não lhes daríamos a oportunidade de contemplar o nosso exemplo, não poderíamos oferecer-lhes a imagem verdadeira de Jesus Cristo refletida em nossas vidas, apesar de tanta miséria pessoal nossa.

---

[103] SANTO INÁCIO DE ANTIOQUIA, *Epistula ad ephesios* c. 10, 1-3 (SC 10, p. 67).

Temos de ir com todos, se necessário, até as próprias portas do inferno: mais adiante, não, porque lá não se pode amar Jesus Cristo. Nós os atrairemos com a nossa amizade leal, acolheremos até os mais distantes em nossas próprias casas. Por isso, fará parte do nosso amadíssimo apostolado *ad fidem* — que, oportunamente, receberá, não tenho dúvida, a aprovação oficial — permitir que nossos amigos não católicos assistam a atos de culto em nossos oratórios; sem lhes dar demasiadas facilidades, fazendo-os desejar, de modo a enfatizar a liberdade pessoal, que é a principal característica dos nossos apostolados.

Para facilitar este trabalho, está mais de acordo com o nosso espírito que não demos aos nossos Centros ou às nossas casas nomes que possam ter um significado agressivo ou militar, de vitória ou glória: *Deo omnis glória!*, a Deus toda a glória! Embora respeite sem inconvenientes que os outros pensem e ajam de maneira diferente, tende sempre em mente que os filhos de Deus em sua Obra não precisam de violência; sentimo-nos protegidos pela Divina Providência e podemos dizer, depois de experimentá-lo tantas vezes: *in umbra manus suae protexit me*[104], o Senhor cobriu-me com a sombra de sua mão.

---

104 Is 49, 2.

Trabalho apostólico junto com outros cidadãos

78   Até agora, minhas filhas e filhos queridíssimos, fiz-vos considerar algumas facetas do apostolado individual que cada um de vós deve exercer no seu próprio ambiente, no desenvolvimento do seu trabalho ordinário, da sua profissão ou ofício. Existem, porém, outros tipos de apostolado que, com o tempo, os meus filhos exercerão em todo o mundo, associando-se como cidadãos comuns a outros cidadãos, sempre dentro das leis do país em que trabalham.

Associar-se-ão com outros cidadãos — nem sempre têm de ser católicos —, para desenvolverem juntos um trabalho profissional com finalidade eminentemente apostólica, ou seja, que sirva diretamente para dar doutrina — este é sempre o nosso apostolado —, mesmo que não tenha um caráter exclusivamente espiritual.

Normalmente serão, por exemplo, trabalhos culturais, de beneficência, de imprensa, de cinema etc. Não devem ser tarefas *oficialmente católicas*, embora possa haver alguma exceção, se isso for oportuno. Mas, em geral, deverão ter as mesmas características do apostolado pessoal dos meus filhos, do qual acabei de falar: porque será um trabalho profissional, secular e laical, realizado por cidadãos entre seus iguais. A questão não está em que se chamem católicos, mas em que o sejam de fato, tanto na ação individual como no trabalho conjunto.

Por fim, deve haver também outro tipo de apostolados por que a Obra será oficialmente responsável; serão sempre atividades profissionais de caráter pleno e exclusivamente apostólico, realizadas pelos meus filhos. E, como serão realizadas corporativamente por aqueles que pertencem ao Opus Dei, nós as chamaremos *obras corporativas*.

Poderão ser de tipos muito diversos, segundo as circunstâncias e as necessidades das almas de cada lugar e em cada época: centros de formação para todas as categorias sociais; casas para retiros espirituais e cursos de instrução religiosa; residências para estudantes universitários; centros profissionais e assistenciais para operários, agricultores etc.

As minhas filhas e filhos que se encarregarem destas tarefas apostólicas deverão dedicar-se a elas *profissionalmente*, porque para todos os que fazem parte da Obra, sem exceção, o trabalho profissional é o único meio para a santificação própria e dos demais. O seu trabalho nas *obras corporativas* será o seu trabalho ordinário de natureza profissional, ainda que tenha uma finalidade direta e totalmente apostólica; e, em todo o caso, será uma tarefa igual à de muitos outros cidadãos: professores, médicos, administradores, diretores de residências estudantis etc.

Se meus filhos alguma vez tiverem de deixar sua ocupação profissional habitual para se dedicarem a tarefas de direção, formação ou assistência em algum trabalho corporativo, mesmo assim não terão deixado de viver *a vida comum das pessoas da rua*, e o seu novo trabalho será sempre *trabalho profissional*; pois é comum, em todos os lugares, que muitas pessoas mudem de atividade, com maior ou menor frequência, por motivos familiares, econômicos, sociais etc. E há profissões — a política, por exemplo — às quais se dedicam, normalmente, pessoas que já se haviam ocupado, e continuam a ocupar-se, de outras tarefas.

80 As casas e os Centros que são sede material — o domicílio — desses trabalhos corporativos não serão nossas, ordinariamente. Por muitas razões, isso não é conveniente; além disso, não poderia ser assim, porque somos pobres: a Obra é pobre agora, no início, e sempre o será, porque o Senhor nunca deixará de nos pedir mais trabalhos apostólicos, mais iniciativas, mais gastos de dinheiro e de pessoas ao seu serviço. Trabalharemos em casas alugadas, ou em edifícios do Estado, ou em lugares de propriedade de uma sociedade formada por alguns de meus filhos e outros cidadãos que queiram nos ajudar.

Porque somos pobres, as minhas filhas e os meus filhos vão realizar esses trabalhos com grande sentido de responsabilidade, perante Deus. Eles se orientarão, em qualquer circunstância que surja e que não esteja expressamente prevista nas normas específicas que vou dando, pela fórmula, pelo critério seguro que me ouvistes dizer tantas vezes: farão o que faria um pai ou uma mãe de família numerosa e pobre.

Estes trabalhos corporativos, dizia-vos, excluem qualquer outro fim que não seja puramente espiritual e apostólico: por isso, é possível e necessário que a Obra — cujo fim é exclusivamente sobrenatural — assuma a responsabilidade pela segurança da sua doutrina católica. Não difundirão uma doutrina ou opiniões corporativas sobre assuntos temporais, porque tal doutrina corporativa — já vos disse mil vezes — não existe, não pode existir. *Corporativamente, não temos opiniões próprias* — cada um pode tê-las —, temos apenas *crenças*: a doutrina da Igreja que aceitamos sem reservas, e que é a única coisa que nos une.

Toda glória a Deus. A nossa ambição é servir

De fato, só nos une a doutrina da Santa Igreja de Deus, *a chamada divina* e o desejo de servi-la como seus filhos fiéis e agradecidos. Esta é a nossa ambição sobrenatural, que é precisamente o que mais se opõe a qualquer ambição humana, a qualquer ambição de vantagem pessoal. Não trabalhamos para nos engrandecer, mas para desaparecer e, com o nosso sacrifício, colocar Cristo no cume de todas as atividades humanas.

Nosso lema é o do Batista: *illum oportet crescere, me autem minui*[105]; convém que Cristo cresça e que eu me torne pequeno. Por isso, nossa maior ambição — a verdadeira glória da Obra — é viver sem a glória humana, para que a glória seja somente de Deus, *soli Deo honor et gloria*[106].

Já vínhamos contemplando o exemplo de Jesus Cristo. Vejamo-lo novamente, voltando a um texto maravilhoso de São Paulo, que já citei em outra ocasião: *não devemos deixar-nos levar pela humana complacência de nós mesmos. Porque Cristo não buscou sua própria satisfação, mas, como está escrito, ele dizia a seu Pai: os opróbrios daqueles que te ultrajaram caíram sobre mim*[107].

82 Não fazemos apostolado para receber aplausos, mas para dar a cara pela Igreja, quando ser católico for difícil; e para passarmos ocultos, quando se dizer católico estiver na moda. De fato, em muitos ambientes, ser católico de verdade, mesmo sem se chamar assim, é motivo suficiente para receber todo tipo de injúrias e ataques. É por isso que, embora

---

[105] *Jo* 3, 30.
[106] *1 Tm* 1, 17.
[107] *Rm* 15, 1.3.

eu já vos tenha dito alguma vez que *nos repugna viver do fato de ser católicos, viveremos, se for preciso, apesar de sermos católicos.* Sem esquecer, acrescento sempre, que nos repugnaria mais ainda *viver de nos chamarmos católicos.*

Ambição de servir: esta ambição tem algumas manifestações concretas muito claras, que também poderíamos chamar de *nossas paixões dominantes*, as nossas loucuras. A primeira é querer ser o último em tudo e o primeiro no amor. Dizemos ao Senhor, na nossa meditação pessoal: Jesus, que eu te ame mais do que todos! Eu já sei que sou o último dos teus servos; já sei que estou cheio de misérias: tiveste de me perdoar por tantas ofensas, tantas negligências! Mas tu disseste que *ama menos aquele a quem menos se perdoa*[108].

Ânsia de almas: temos o desejo veemente de ser corredentores com Cristo, de salvar todas as almas com Ele, porque somos, queremos ser *ipse Christus*, e Ele *dedit redemptionem semetipsum pro omnibus*[109], entregou-se como resgate por todos. Unidos a Cristo e à sua Mãe Santíssima, que é também nossa Mãe, *Refugium peccatorum*; fielmente unidos ao Vigário de Cristo na terra — *ao doce Cristo na terra* —, ao Papa, temos a ambição de levar a todos os homens os meios de salvação que a Igreja possui, tornando

---
108 *Lc* 7, 47.
109 *1 Tm* 2, 6.

realidade aquela jaculatória, que venho repetindo desde o dia dos Santos Anjos da Guarda de 1928: *omnes cum Petro ad Iesum per Mariam*!

83 Mas não podemos aspirar a ser corredentores com Cristo se não estivermos dispostos a *reparar pelos pecados*, como Ele fez. Vede como São Paulo aplica a Jesus Cristo as palavras do Salmo XXXIX: *Não quiseste sacrifício nem oferenda, mas preparaste-me um corpo mortal; não te agradaram os holocaustos pelo pecado, então eu disse: eis-me aqui, que venho; como está escrito a meu respeito no princípio do livro, para cumprir, ó Deus, a tua vontade*[110].

Queremos oferecer a nossa vida, a nossa dedicação sem reservas e sem regateios, como expiação pelos nossos pecados; pelos pecados de todos os homens, nossos irmãos; pelos pecados cometidos em todos os tempos e pelos que se cometerão até o fim dos séculos: antes de tudo, pelos católicos, pelos eleitos de Deus que não sabem corresponder, que atraiçoam o amor de predileção que o Senhor teve para com eles.

Amar como quem mais ama: ganhar todas as almas para Cristo; reparar abundantemente pelas ofensas feitas ao Coração Sacratíssimo de Jesus: eis aqui as nossas ambições. Com tal loucura divina, com este

---
110 *Hb* 10, 5-7. Cf. *Sl* 40 [39], 7-9.

zelo que nos come as entranhas, *zelus domus tuae comedit me*[111], que ambição humana poderá agarrar-se a nós no caminho da nossa vida? Nenhum de nós, se mantivermos este espírito da Obra, pode ter afã de brilhar, de subir na escala social, de obter cargos, honras, reconhecimentos, se não for apesar da sua vontade e para servir a Deus.

Porque, se estivéssemos motivados por esta ambição humana, para satisfazer o nosso amor-próprio — não faltará quem diga falsamente que o fizemos —, então teríamos de renunciar à aspiração de servir a Deus: *nemo potest duobus dominis servire*[112], porque ninguém pode servir a dois senhores: a Jesus Cristo e à nossa vaidade.

Eu me lembro de que, logo após ordenado, deram-me este *bom conselho*: se quiser *fazer carreira*, evite cuidadosamente tudo o que seja trabalhar a sério e, acima de tudo, evite escrever coisas claras. Na época, talvez eu não tenha entendido muito bem; agora vejo que, do ponto de vista humano, tinham razão. Mas dou graças a Deus, meu Senhor, porque me fez compreender — já naquela altura — que eu não devia fazer caso do que me diziam: nunca me interessei por *fazer carreira*, apesar das minhas falhas e das minhas misérias pessoais.

---

[111] *Jo* 2, 17.
[112] *Mt* 6, 24.

Começo da Obra: só por obediência a uma clara vontade divina

84 É tal o meu horror a tudo o que suponha ambição humana, ainda que irrepreensível, que, se Deus na sua misericórdia quis servir-se de mim, que sou um pecador, para a fundação da Obra, foi apesar de mim. Sabeis da aversão que sempre tive a esse empenho de alguns — quando não é baseado em razões muito sobrenaturais, que a Igreja julga — em criar novas fundações. Parecia-me — e ainda me parece — que havia demasiadas fundações e fundadores: via o perigo de uma espécie de *psicose de fundação*, que levava a criar coisas desnecessárias por motivos que considerava ridículos. Pensava, talvez com falta de caridade, que em algumas ocasiões o motivo era o menos importante: o essencial era criar algo novo e chamar-se fundador.

Assim, multiplicavam-se as obras, com nomes e propósitos que aparentemente nasciam — mesmo que atomizando as tarefas apostólicas e mudando frequentemente suas finalidades — desse desejo de ser *chefe, ainda que fosse de um pequeno grupo*: e me divertia muito — devo confessá-lo, e peço perdão a Deus se O ofendi com isso — dizendo a mim mesmo, ao considerar as finalidades concretas e diminutas que davam origem a vestes chocantes e famílias religiosas iguais a outras muitas que já existiam, pois diferiam apenas na cor do hábito, ou no cordão, ou na correia presa à cintura: Fundação do Padre Fulano, das filhas de Santa Emerenciana de Tal, para as netas da viúva vesga que tenham o cabelo loiro. Não vos surpreenda que eu vos diga que conheço instituições criadas para corrigir jovens pervertidas — é um exemplo entre muitos — e que, depois de poucos anos, abandonam seu trabalho fundacional, não porque não haja mais mulheres desviadas do que antes, mas por questões de conforto, para se dedicar a ter *escolas pagas* ou trabalhos desse estilo.

Mais tarde, muitas vezes — embora não seja amigo de comédias — senti a tentação, o desejo, de me ajoelhar para vos pedir perdão, meus filhos, porque, com esta repugnância às fundações, apesar de ter abundantes motivos de certeza para fundar a Obra, resisti o quanto pude: sirva-me de desculpa, diante de Deus Nosso Senhor, o fato real de que, desde 2 de outubro de 1928, em meio àquela minha luta interna, tenho trabalhado para cumprir a Santa Vontade de Deus, iniciando o trabalho apostólico da Obra. Três anos se passaram, e agora vejo que, talvez, o Senhor tenha querido que eu experimentasse então, e que ainda continue a sentir, essa completa repugnância para que eu tenha sempre mais uma prova externa de que *tudo é seu e nada é meu.*

O apostolado é serviço

85   Este é o meu espírito e este deve ser o vosso espírito, minhas filhas e filhos. Não vindes à Obra para buscar nada: vindes entregar-vos, renunciar, por amor de Deus, a qualquer ambição pessoal. Todos têm de deixar alguma coisa se quiserem ser eficazes em Casa e trabalhar como Deus nos pede, como um burrinho fiel, *ut iumentum*! A única ambição do burrinho fiel é servir, ser útil; o único prêmio que ele espera é aquele que Deus lhe prometeu: *quia tu reddes unicuique iuxta opera sua*[113], porque o Senhor recompensa cada um segundo as suas obras.

Filhos da minha alma: estais aqui, na Obra, porque o Senhor colocou em vossos corações o desejo puro e generoso de servir; um verdadeiro zelo, que faz com que estejais dispostos a qualquer sacrifício, trabalhando silenciosamente pela Igreja sem procurar qualquer recompensa humana. Enchei-vos dessas nobres ambições; reforçai em vosso coração esta disposição santa, porque o trabalho é imenso.

Devemos pedir a Deus, Nosso Senhor, que aumente nosso desejo de servir, porque *messis quidem multa, operarii autem pauci*[114]; porque os trabalhadores são poucos e a messe é grande: o mar do trabalho apostólico não tem praias, e há no mundo

---
113 *Sl* 62 [61], 13.
114 *Mt* 9, 37.

tão poucas almas que queiram servir! Considerai o que aconteceria se nós que queremos servir não nos entregássemos plenamente.

Meus filhos, nossa vida é curta, temos pouco tempo para viver na terra, que é quando podemos fazer este serviço a Deus. Diz o poeta: *ao brilhar um relâmpago nascemos, e ainda dura o seu fulgor quando morremos, tão curto é o viver!* [115] O salmista o escreve melhor: *homo, sicut foenum dies eius, tamquam flos agri, sic efflorebit*[116]; o homem, cujos dias são como o feno, florescerá como a flor do campo, que nasce com o primeiro beijo do sol e à noite murcha. É por isso que São Paulo nos diz: *tempus breve est*[117], quase não temos tempo!

Servir, pois; porque o apostolado não é outra coisa. Por nossas próprias forças, nada podemos no campo sobrenatural; mas, sendo instrumentos de Deus, tudo podemos — *omnia possum in eo, qui me confortat!*[118]: tudo posso Naquele que me conforta! —, pois Ele dispôs, por Sua bondade, utilizar esses instrumentos ineptos. Assim, o apóstolo não tem outra finalidade senão deixar o Senhor agir, colocar-se à disposição, para que Deus cumpra — por meio

---

115 G. A. Bécquer, *Rimas y leyendas*. Rima n. 69, Madri, Editex, 2013, p. 52.
116 *Sl* 103 [102], 15.
117 *1 Cor* 7, 29.
118 *Fl* 4, 13.

das suas criaturas, por meio da alma eleita — sua obra salvífica.

O apóstolo é o cristão que se sente enxertado em Cristo, identificado com Cristo, pelo Batismo; habilitado a lutar por Cristo, pela Confirmação; chamado a servir a Deus com a sua ação no mundo, pela participação na função real, profética e sacerdotal de Cristo, que o torna apto a conduzir os homens a Deus, ensinar-lhes a verdade do Evangelho e corredimi-los com a sua oração e sua expiação.

O cristão disposto a servir é guia, mestre e sacerdote de seus irmãos, os homens, sendo para eles outro Cristo, *alter Christus*, ou melhor, como vos costumo dizer, *ipse Christus*[119]. Mas — insisto — trata-se de não fazer um trabalho pessoal, de não ter ambições pessoais; trata-se de servir a Cristo, para que Ele atue; e de servir também os homens, porque Cristo não veio para ser servido, mas para servir: *non veni ministrari, sed ministrare*[120].

Trabalhar sem ambição pessoal terrena. Humildade mais profunda

87   Servir todos os homens: temos, como campo de nosso apostolado, todas as criaturas, de todas as raças e de todas as condições sociais. Por isso, para

---
[119] "*ipse Christus*": "o próprio Cristo".
[120] *Mt* 20, 28.

chegar a todos, dirigimo-nos primeiro — em cada um dos ambientes — aos intelectuais, sabendo que qualquer tentativa de penetração na sociedade passa necessariamente por eles. Porque são os intelectuais que têm a visão de conjunto, que dão vida a qualquer movimento que tenha consistência, que dão forma e organização ao desenvolvimento cultural, técnico e artístico da sociedade humana. Minhas filhas e filhos: tenho-vos insistido na necessidade de nos desprendermos de toda ambição terrena e de nos enchermos da preocupação — que é uma ocupação contínua — de servir. Estamos convencidos de que nada importa, nada tem consistência, nada vale a pena, em comparação com essa sublime missão de servir a Cristo Nosso Senhor. Mas, precisamente porque aprendemos a desprezar o aplauso dos homens e toda vã procura de espetáculo, nosso afã por conservar o tesouro da humildade deve ser ainda mais atento e delicado.

Porque estamos expostos a um perigo muito sutil, a uma insídia quase imperceptível do inimigo, que, quanto mais eficaz nos vê, mais redobra seus esforços para nos enganar. Este perigo sutil — frequente, aliás, em almas dedicadas a trabalhar para Deus — é, meus filhos, uma espécie de soberba oculta, que nasce de se saber instrumento de coisas maravilhosas, divinas; uma autocomplacência silenciosa, ao ver os milagres que se operam por seu apostolado: porque vemos inteligências cegas que recuperam a visão; vontades paralisadas que se movem novamente; corações de pedra se tornam de carne, capazes de caridade sobrenatural e afeto humano; consciências cobertas de lepra, de manchas do pecado, que ficam limpas; almas totalmente mortas, podres — *iam foetet, quatriduanus est enim*[121] —, que recuperam a vida sobrenatural.

88   E tantos obstáculos humanos superados; tantas incompreensões vencidas; tantos ambientes conquistados: um trabalho cada vez mais amplo e diversificado, cada vez mais eficaz... Tudo isso, meus filhos, às vezes pode dar ocasião a uma injustificada — mas possível — satisfação com nós mesmos. Devemos estar atentos para que isso não aconteça; devemos ter uma consciência muito fina e reagir imediatamente.

Não podemos admitir, nem por um instante, qualquer pensamento de soberba, por qualquer serviço nosso a Deus: porque, naquele mesmo momento, deixaríamos de ser sobrenaturalmente eficazes. Deus não quer servos presunçosos, satisfeitos consigo mesmos; Ele os quer, ao contrário, convencidos de sua própria indignidade e cheios de uma santa determinação de não impedir a obra da graça: *servite*

---

[121] Jo 11, 39; "*iam foetet, quatriduanus est enim*": "já cheira muito mal, porque já dura quatro dias".

Domino in timore, et exultate ei cum tremore; aprehendite disciplinam, nequando irascatur Dominus, et pereatis de via iusta[122]; servi o Senhor com temor — *um temor que é o amor de filho, que não quer desagradar seu Pai* — e regozijai-vos nEle com tremor — *com comoção de amor*, traduzo eu —: não aconteça que, alguma vez, o Senhor se irrite, e pereçais fora do caminho justo, e *percais o caminho*.

Vede como Santo Agostinho comenta essas palavras da Escritura: *Não diz: e não andeis pelo caminho da justiça, mas sim: não pereçais desviando-vos do caminho da justiça. O que ele pretende com isso, senão avisar — àqueles que seguem o caminho da justiça — para que sirvam a Deus com temor, isto é, sem se ensoberbecerem? É como se lhes dissesse: não sejais soberbos, mas humildes. Alhures, diz também: não sejais altivos, mas rebaixai-vos até os humildes (Rom XII, 16). Regozijai-vos, pois, no Senhor, mas com tremor; sem vos gloriardes em nada, porque nada é colheita nossa; e aquele que se gloria, glorie-se no Senhor (II Cor X, 17-18). Não se desviem do caminho justo por onde começaram a andar, atribuindo a si mesmos a graça de caminhar nele*[123].

O espetáculo dos prodígios que Deus realiza por nossas mãos deve ser uma ocasião para nos humilharmos, para louvar a Deus e reconhecer que tudo

---
122 Sl 2, 11-12.
123 Santo Agostinho de Hipona, *De correptione et gratia liber unus*, c. 9, 24 (CSEL 92, pp. 247-248).

vem dEle e que não fizemos nada além de estorvar ou, quando muito, ser pobres instrumentos nas mãos do Senhor.

Devemos pensar que existem muitas outras almas que trabalharam melhor do que cada um de nós, que se sacrificaram mais e rezaram com maior perseverança; mas que o Senhor quis servir-se mais de vós e de mim do que destas outras pessoas, para que se veja que é Ele quem atua, para que se veja que os instrumentos não importam ou importam muito pouco.

Porque *Deus escolheu os néscios segundo o mundo para confundir os sábios, e Deus escolheu os fracos do mundo para confundir os fortes; e as coisas vis e desprezíveis do mundo, e aquelas que não eram nada, para destruir aquelas que são, para que nenhum mortal possa se gloriar diante dele*[124].

90 Então, minhas filhas e filhos, quando vos pareça que trabalhastes arduamente a serviço do Senhor, repeti as palavras que Ele mesmo nos ensinou: *servi inutiles sumus; quod debuimus facere, fecimus*[125]; somos servos inúteis: não fizemos mais do que tínhamos obrigação de fazer.

O resumo que sempre faço no final do dia, ao fazer meu exame, é *pauper servus et humilis!* E isto quando

---
124 1 *Cor* 1, 27-29.
125 *Lc* 17, 10.

não tenho de dizer: Josemaria, Senhor, não estás contente com Josemaria. Mas, como a humildade é a verdade, são muitas as vezes em que — como acontece convosco — penso: Senhor, se não me lembrei de mim para nada, se tenho pensado só em Ti e, por Ti, eu me ocupei apenas em trabalhar pelos outros! Então a nossa alma contemplativa exclama com o Apóstolo: *vivo autem iam non ego: vivit vero in me Christus*[126]; não sou eu quem vivo, mas é Cristo que vive em mim.

Sem humildade jamais poderemos servir com eficácia, porque não sentiremos a necessidade de nos abandonar confiadamente à ação da graça, não teremos o impulso contínuo de recorrer a Deus como nossa única força. E não obteremos do Senhor as graças que Ele nos reservou, para a nossa santificação e a dos nossos companheiros: *quoniam excelsus Dominus, et humilia respicit*[127]; pois o Senhor é exaltado e olha para as coisas humildes.

Filhos da minha alma: sei que lutareis para ser humildes; sei que assim sereis maravilhosamente eficazes, porque sereis instrumentos dóceis nas mãos de Deus. E levareis o sal e a luz de Cristo para o mundo inteiro, principalmente com o exemplo da vossa vida: *empreendamos, então, uma nova vida; façamos da terra céu, e assim mostremos aos gentios de*

---
126 *Gl* 2, 20.
127 *Sl* 138 [137], 6.

que grandes bens estão privados. Porque, ao verem nossa conduta exemplar, contemplarão o próprio espetáculo do reino dos céus[128].

Iluminar com a luz de Deus. Chamada geral à santidade

91   Terminarei esta longa conversa convosco. As considerações que fizemos na presença de Deus nos serviram para compreender um pouco mais a profundidade, a beleza e a *velha novidade* da chamada à Obra. Passados tantos séculos, o Senhor quer servir-se de nós para que todos os cristãos descubram, finalmente, o valor santificante da vida ordinária — do trabalho profissional — e a eficácia do apostolado da doutrina pelo exemplo, pela amizade e pela confidência.

Jesus, Nosso Senhor, quer que proclamemos hoje em mil línguas — e com o dom de línguas, para que cada um saiba aplicá-la na própria vida —, em todos os recantos do mundo, essa mensagem velha como o Evangelho e, como o Evangelho, nova. Alegra-nos a alma — é como uma prova mais, embora não precisemos dela, da entranha evangélica do nosso caminho — encontrar traços dessa mesma mensagem na pregação dos antigos Padres da Igreja.

---

[128] São João Crisóstomo, *In Matthaeum homilia*, 43, 5 (PG 57, col. 463).

Citei-vos mais de uma vez, nesta carta, o que diz o Crisóstomo; ouvi agora outras palavras suas: *Eu não vos digo: não vos caseis. Não vos digo: abandonai a cidade e afastai-vos dos negócios citadinos. Não. Permanecei onde estais, mas praticai a virtude. Para dizer a verdade, gostaria que aqueles que vivem no meio das cidades brilhassem mais por sua virtude do que aqueles que foram morar nas montanhas. Pois daí resultaria um bem imenso, visto que ninguém acende uma lâmpada e a põe debaixo do alqueire.*

Daí que eu quisera — continua São João Crisóstomo — *que todas as luzes estivessem nos candeeiros, para que a claridade fosse maior. Acendamos, pois, o fogo e façamos com que aqueles que estejam sentados nas trevas se vejam livres do erro. E não venhas me dizer: tenho filhos, tenho mulher, tenho que cuidar da casa e não posso cumprir o que me dizes. Se não tivesses nada disso e fosses tíbio, tudo estaria perdido; ainda que tudo isso te envolva, se fores fervoroso, praticarás a virtude.*

Uma só coisa é necessária: uma disposição generosa. Se ela existir, nem a idade, nem a pobreza, nem a riqueza, nem os negócios, nem qualquer outra coisa pode constituir um obstáculo à virtude. E, de fato, velhos e jovens; casados e pais de família; artesãos e soldados já cumpriram tudo quanto foi mandado pelo Senhor.

Jovem era Daniel; José, escravo; Áquila exercia uma profissão manual; a vendedora de púrpura era responsável por uma oficina; outro era guarda de uma prisão; outro centurião, como Cornélio; outro estava doente, como Timóteo; outro era um escravo fugitivo, como Onésimo, mas nada disso foi obstáculo para nenhum deles, e todos brilharam por sua virtude: homens e mulheres, jovens e velhos, escravos e livres, soldados e conterrâneos[129].

Como era clara, para os que sabiam ler o Evangelho, esta chamada geral à santidade na vida ordinária, na profissão, sem abandonar o próprio ambiente! No entanto, durante séculos, a maioria dos cristãos não a compreendeu: não se pôde dar o fenômeno ascético de que muitos buscassem assim a santidade, sem sair de seu lugar, santificando a profissão e santificando-se com a profissão. E, muito rapidamente, por força de não vivê-la, a doutrina foi esquecida; e a reflexão teológica foi absorvida pelo estudo de outros fenômenos ascéticos, que refletem outros aspectos do Evangelho.

92 Nestes anos, ao suscitar sua Obra, o Senhor quis que nunca mais se ignore ou esqueça a verdade de que todos devem santificar-se e de que corresponde à maioria dos cristãos santificar-se no mundo, no trabalho ordinário. Portanto, enquanto houver homens na terra, a Obra existirá. Sempre ocorrerá esse fenômeno: que haja pessoas de todas as profissões e ofícios, que buscam a santidade em seu estado de vida, nessa profissão ou

---

[129] São João Crisóstomo, *In Matthaeum homilia*, 43, 5 (PG 57, col. 464).

nesse seu ofício, sendo almas contemplativas no meio da rua.

Do que vos acabo de dizer, pode-se deduzir, minhas filhas e filhos, que nunca haverá para a Obra problemas de adaptação ao mundo; nunca se deparará com a necessidade de considerar o problema de *se atualizar*. Deus *atualizou* sua Obra de uma vez para sempre, dando-lhe essas características seculares, laicais, que vos comentei nesta carta. Nunca haverá necessidade de nos adaptarmos ao mundo, porque *somos* do mundo; nem teremos de ir atrás do progresso humano, porque somos nós — sois vós, meus filhos —, juntamente com os outros homens que vivem no mundo, que fazeis esse progresso com vosso *trabalho ordinário*.

Sede fiéis, ajudai-me a ser fiel e a saber esperar: sem pressa, porque — no devido tempo — o Senhor, que quis *sua Obra*, fará cristalizar o modo jurídico, que no momento não se vê, para que a Santa Igreja reconheça nossa maneira divina de servi-la, no mundo — no meio da rua —, com água clara e ar livre, sem privilégios, conservando a essência da nossa vocação: sem sermos religiosos, porque o Senhor não quer que sejamos religiosos.

Rezai, rezai muito: não vos esqueçais de que *a oração é onipotente*. Lembrai-vos de que Jesus disse: *quodcumque petieritis Patrem in nomine meo, hoc faciam*[130]; que tudo quanto pedirdes ao Pai em meu nome, eu o farei. E que *qui coepit in vobis opus bonum, perficiet*[131]; quem começou em vós a boa obra vai completá-la. Expus-vos razões bem sobrenaturais, que me levam a rezar com fé e a esperar, em vez de buscar agora uma aprovação eclesiástica oficial, que teria certamente o perigo de começar a desvirtuar nossa *vocação divina*, confundindo-a com a vocação dos religiosos. E isto, não: porque o meu Senhor Jesus me pedirá contas, e — certamente — desertaríeis em massa, e faríeis bem, não tolerando que fossem violentadas vossas consciências de filhos de Deus na Obra de Deus.

Tende completa segurança, portanto, de que a Obra sempre cumprirá sua missão com eficácia divina; responderá sempre ao fim para o qual o Senhor a quis na terra; será, com a graça divina — por todos os séculos —, um instrumento maravilhoso para a glória de Deus: *sit gloria Domini in saeculum!*[132]

Abençoa-vos com todo o coração o vosso Padre.

Madri, 9 de janeiro de 1932

---

130 *Jo* 14, 13.
131 *Fl* 1, 6.
132 *Sl* 104 [103], 31.

CARTA 4

[Sobre a caridade na transmissão da fé; seu *incipit* latino é *Vos autem*. Tem a data de 16 de julho de 1933 e foi impressa pela primeira vez em janeiro de 1966.]

Vos autem dixi amicos, quia omnia quaecumque audivi a Patre meo, nota feci vobis[1]; chamei-vos de amigos, porque vos fiz saber quantas coisas tenho ouvido de meu Pai. Aqui tendes, filhas e filhos da minha alma, umas palavras de Jesus Cristo Nosso Senhor, que nos indicam o caminho que devemos seguir no nosso trabalho apostólico. Deus chamou-nos a levar sua doutrina a todos os recantos do mundo, para abrir *os caminhos divinos da terra*, para dar a conhecer Jesus Cristo a tantas inteligências que nada sabem dEle, e — ao chamar-nos para a sua Obra — deu-nos também um modo apostólico de trabalhar, que nos move à compreensão, à desculpa, à caridade delicada para com todas as almas.

Nosso apostolado é um apostolado de amizade e confidência. Queremos repetir sempre com o

1   Jo 15, 15.

Espírito Santo: *ego cogito cogitationes pacis et non afflictionis*[2]; tenho pensamentos de paz e não de aflição, pensamentos que buscam a concórdia, que procuram criar um clima de caridade, indispensável para que a palavra de Deus crie raízes nos corações. *A caridade é o vínculo da fraternidade, o fundamento da paz, o que dá firmeza e permanência à unidade; é maior que a fé e a esperança; vai adiante do martírio e de todas as obras; permanecerá eternamente conosco no Reino dos Céus*[3].

Com todas as almas, em todos os ambientes. Semear paz e amor

2   O Senhor quis para nós esse espírito, que é o dEle. Não vedes seu contínuo afã de estar com a multidão? Não vos apaixona contemplar como não rejeita ninguém? Ele tem uma palavra para todos, para todos abre seus lábios dulcíssimos; e os ensina, doutrina-os, traz-lhes notícias de alegria e esperança, com este fato maravilhoso e único de um Deus que convive com os homens.

Às vezes, fala-lhes estando na barca, enquanto eles estão sentados na margem; outras, no monte, para que toda a multidão ouça bem; outras vezes, em meio ao barulho de um banquete, na quietude

---

2   Cf. *Jr* 29, 11.
3   São Cipriano de Cartago, *De bono patientiae*, 15 (CSEL 8, pp. 407-408).

do lar, passeando pelos campos, sentados sob as oliveiras. Dirige-se a cada um da maneira que cada um possa entender: e dá exemplos de redes e peixes, para o povo do mar; de sementes e vinhas, para os que lavram a terra; à dona de casa falará da dracma perdida; à samaritana, aproveitando-se da ocasião da água que a mulher vai buscar ao poço de Jacó. Jesus acolhe todos, aceita os convites que lhe fazem, e — quando não o convidam — às vezes é Ele mesmo quem se convida: *Zachaee, festinans descend, quia hodie in domo tua oportet me manere*[4]; Zaqueu, desce depressa, porque convém que hoje eu me hospede em tua casa. Cristo *quer que todos os homens se salvem*[5], que não se perca ninguém; e se apressa em dar sua vida por todos, numa efusão de amor, que é holocausto perfeito. Jesus não quer convencer pela força, e, estando com os homens, entre os homens, move-os suavemente a segui-lo, em busca da verdadeira paz e da autêntica alegria.

Nós, minhas filhas e filhos, devemos fazer o mesmo, porque nos move essa mesma caridade de Cristo: *caritas Christi urget nos*[6]. Com a luz sempre nova da caridade, com um generoso amor a Deus

---
4   *Lc* 19, 5.
5   *1 Tm* 2, 4.
6   Cf. *2 Cor* 5, 14.

e ao próximo, renovaremos, em vista do exemplo que o Mestre nos deu, nosso desejo de compreender, de desculpar, de não nos sentirmos inimigos de ninguém.

Nossa atitude diante das almas resume-se, assim, naquela expressão do Apóstolo, que é quase um grito: *Caritas mea cum omnibus vobis in Christo Iesu!*[7]: meu carinho a todos vós, em Cristo Jesus. Com a caridade, sereis semeadores de paz e alegria no mundo, amando e defendendo a liberdade pessoal das almas, a liberdade que Cristo respeita e conquistou para nós[8].

A Obra de Deus nasceu para espalhar pelo mundo a mensagem de amor e paz que o Senhor nos legou; para convidar todos os homens a respeitar os direitos da pessoa. É assim que eu quero que meus filhos sejam formados, e assim sois.

À vossa unidade de vida deve corresponder uma magnanimidade espontânea, renovada todos os dias, que se deve fazer patente e se manifestar em todas as coisas, de maneira que — como fiéis soldados de Cristo Jesus no mundo — saibais oferecer-vos em holocausto, dizendo verdadeiramente: *com plena sinceridade, com alegria, entreguei-me, Senhor, com tudo o que tenho*[9].

---

7   *1 Cor* 16, 24.
8   *Gl* 4, 31.
9   *1 Cr* 29, 17.

Compreensão, unidade

4 Esta deve ser a vossa preparação para o apostolado contínuo que Jesus nos pede, como é contínuo o bater do coração. Meus filhos, o Senhor chamou-nos à sua Obra em momentos em que se fala muito de paz e não há paz: nem nas almas, nem nas instituições, nem na vida social, nem entre os povos. Fala-se continuamente de igualdade e democracia, e há castas: fechadas, impenetráveis.

Ele nos chamou num momento em que se clama por compreensão, e a compreensão não é vivida, às vezes, nem mesmo entre pessoas que agem de boa-fé e querem praticar a caridade, porque a caridade, mais do que em dar, está em *compreender*.

São momentos em que os fanáticos e os intransigentes — incapazes de admitir as razões alheias — acautelam-se, chamando suas vítimas de violentas e agressivas. Ele nos chamou, por fim, quando se ouve falar muito de unidade, e talvez seja difícil conceber que possa haver maior desunião, não apenas entre os homens em geral, mas entre os próprios católicos.

5 Nesta atmosfera e neste ambiente, devemos dar um exemplo ao mesmo tempo humilde e audaz, perseverante e autenticado com o trabalho de uma vida cristã íntegra, laboriosa, cheia de compreensão e de amor por todas as almas.

Exit qui seminat seminare semen suum[10], saiu o semeador para lançar a semente, e é isso o que fazemos: semear, dar boa doutrina, participar de todas as tarefas e preocupações honradas da terra, para com elas dar o bom exemplo dos seguidores de Cristo.

Ele, minhas filhas e filhos, *coepit facere et docere*[11], primeiro fez e depois ensinou, e assim quero que sejais: santos de verdade, no meio da rua, na universidade, na oficina, no lar, com uma chamada particularíssima do Senhor, que não é de meias medidas, mas de *entrega total*.

Esta entrega, que deve ser ao mesmo tempo humilde e silenciosa, facilitará o conhecimento da grandeza, da ciência, da perfeição de Deus, e também vos fará conhecer a pequenez, a ignorância, a miséria que nós, os homens, temos. Aprendereis assim a compreender as fraquezas alheias vendo as próprias; a desculpar amando, a querer relacionar-vos com todos, porque não pode haver criatura que seja estranha para nós.

Meus filhos, o zelo pelas almas deve levar-nos a não nos sentirmos inimigos de ninguém, a ter um coração grande, universal, católico; a voar como as águias, nas asas do amor de Deus, sem nos fecharmos no galinheiro das querelas ou das facções

---

10   *Lc* 8, 5.
11   Cf. *At* 1, 1.

mesquinhas, que tantas vezes esterilizam a ação dos que querem trabalhar por Cristo.

Numa palavra, devemos ter um zelo que nos leve a perceber que *in Christo enim Iesu neque circuncisio aliquid valet neque praeputium, sed nova creatura*[12], que — perante a possibilidade de fazer o bem — o que realmente conta são as almas.

Santa intransigência e santa transigência. Defesa da fé. Atitude para com quem se equivoca

Não ignoro as dificuldades que podereis encontrar. É verdade — sempre vos faço notar — que, neste mundo de onde sois e no qual permaneceis, há muitas coisas boas, efeitos da inefável bondade de Deus. Mas também que os homens semearam joio, como na parábola evangélica, e propagaram falsas doutrinas que envenenam as inteligências e fazem com que se rebelem, às vezes furiosamente, contra Cristo e contra a sua Santa Igreja.

Diante desta realidade, qual deve ser a atitude de um filho de Deus em sua Obra? Seria o caso de pedir ao Senhor, como os filhos do trovão, que desça fogo sobre a terra e consuma os pecadores?[13] Ou, talvez, de lamentar-se continuamente, como uma ave de mau agouro ou um profeta de desgraças?

---

12 Gl 6, 15; "*in Christo* [...] *nova criatura*": "porque, em Cristo Jesus, nem a circuncisão nem a falta de circuncisão importam, mas a nova criatura".

13 Cf. Lc 9, 54.

Sabeis bem, minhas filhas e filhos, que esta não é a nossa atitude, porque o espírito do Senhor é outro: *Filius hominis non venit animas perdere, sed salvare*[14], e eu costumo traduzir essa frase dizendo-vos que temos de afogar o mal em abundância de bem. Nossa primeira obrigação é dar doutrina, amando as almas.

Também conheceis a regra para levar à prática esse espírito: a *santa intransigência* com os erros e a *santa transigência* com as pessoas que estão no erro. É preciso, porém, que ensineis muitas pessoas a praticar esta doutrina, porque não é difícil encontrar alguém que confunda intransigência com intemperança e a transigência com o abandono de direitos ou verdades que não podem ser barateados.

Nós, cristãos, não possuímos — como se fosse algo humano ou um patrimônio pessoal, do qual cada um dispõe à vontade — as verdades que Jesus Cristo nos legou e que a Igreja custodia. É Deus quem as possui, é a Igreja quem as guarda, e não está em nossas mãos ceder, cortar, *transigir* no que não é nosso.

7   Esta não é, porém, a razão fundamental da santa intransigência. O que pertence ao depósito da Revelação, o que — confiando em Deus, que não se engana nem nos engana — conhecemos como verdade católica, não pode ser objeto de acordos,

---
14   *Lc* 9, 56 (Vg).

simplesmente porque é a verdade, e a verdade não tem meias medidas.

Já pensastes qual seria o resultado se, por força de querer *transigir*, se fizessem — em nossa santa fé católica — todas as mudanças que os homens pedissem? Talvez se chegasse a algo em que todos concordassem, a uma espécie de religião caracterizada apenas por uma vaga inclinação do coração, por um sentimentalismo estéril, que certamente — com um pouco de boa vontade — pode ser encontrado em qualquer aspiração ao sobrenatural; porém, essa doutrina já não seria mais a doutrina de Cristo, não seria um tesouro de verdades divinas, mas algo humano, que não salva nem redime; um sal que se teria tornado insípido.

Levariam a essa catástrofe a loucura de ceder nos princípios, o desejo reduzir as diferenças doutrinais, as concessões no que pertence ao depósito intangível que Jesus deu à sua Igreja. A verdade é uma só, meus filhos, e, embora nas questões humanas seja difícil saber de que lado está a verdade, nas questões de fé não é assim.

Pela graça de Deus, que nos fez nascer para a sua Igreja pelo Batismo, sabemos que só existe uma religião verdadeira, e neste ponto não cedemos, aí somos intransigentes, *santamente intransigentes*. Haverá alguém de bom senso — costumo dizer-vos — que cederá em algo tão simples como a soma de dois mais dois? Poderá conceder que dois e dois são três e meio? A transigência — na doutrina da fé — é sinal certo de que não se possui a verdade ou de que não se sabe que a possui.

8   Por outro lado, não vos deixeis enganar quando não se trata do conjunto da nossa religião, caso pretendam fazer-vos *transigir* em algum aspecto que se refira à fé ou à moral. As diversas partes que compõem uma doutrina — tanto a teoria como a prática — costumam estar intimamente ligadas, unidas e dependentes umas das outras, em maior proporção quanto mais vivo e autêntico for o conjunto.

Só o que é artificial poderia desagregar-se sem prejudicar o todo — o qual, talvez, sempre tenha carecido de vitalidade —, e também só o que é um produto humano costuma carecer de unidade. Nossa fé é divina, é una — como Deus é Uno —, e este fato traz como consequência que, ou se defendem todos os seus pontos com firme coerência, ou será preciso renunciar, mais cedo ou mais tarde, a professá-la: porque é certo que, uma vez praticada uma brecha na cidade, toda ela está em perigo de se render.

Defendereis, pois, o que a Igreja indica, porque Ela é a única Mestra nestas verdades divinas; e o defendereis com o exemplo, com a palavra, com os vossos escritos, com todos os meios nobres que estiverem ao vosso alcance.

CARTA 4

Ao mesmo tempo, movidos pelo amor à liberdade de todos, sabereis respeitar o parecer alheio naquilo que é opinável ou questão de escola, porque nessas questões — como em todas as outras temporais — a Obra nunca terá uma opinião coletiva se a Igreja não a impuser a todos os fiéis, em virtude de sua potestade.

Por outro lado, junto com a *santa intransigência*, o espírito da Obra de Deus vos pede uma constante *transigência*, também santa. A fidelidade à verdade, a coerência doutrinal, a defesa da fé não significam um espírito triste, nem devem estar animadas por um desejo de aniquilar quem está equivocado.

Talvez seja esse o modo de ser de alguns, mas não pode ser o nosso. Nunca *vamos abençoar* como aquele pobre louco que — aplicando a seu modo as palavras da Escritura — desejava que descessem sobre seus inimigos *ignis, et sulfur, et spiritus procellarum*[15]; fogo e enxofre, e ventos tempestuosos.

Não queremos a destruição de ninguém; a santa intransigência não é intransigência a seco, selvagem e destemperada; nem será *santa* se não for acompanhada pela santa transigência. Direi mais: nenhuma das duas é santa se não traz — junto com as virtudes teologais — a prática das quatro virtudes cardeais.

---
15   Sl 11 [10], 6 (Nv).

Santa intransigência e virtudes cardeais

9   Antes de tudo, a prudência, para saber agir de acordo com a verdadeira caridade, evitando que um zelo mal-entendido ponha em perigo a santidade da vossa intransigência. Deveis ser como uma maça de aço, poderosa e firme, mas envolta numa capa acolchoada, para não ferir.

A boa caridade, o carinho que a prudência vos fará praticar, levar-vos-á a dizer as coisas com discernimento, no momento conveniente e do modo preciso; tornar-vos-á sensíveis às necessidades e às circunstâncias do próximo, sem cair em condescendências inoportunas, mas ao mesmo tempo confirmará a vossa fé, animará a vossa esperança e vos levará a dar graças a Deus por vos ter conservado na plenitude da sua verdade.

Justiça para tratar cada um como merece, sem generalizações nem simplificações superficiais, que tanto mal fazem e que tantos obstáculos levantam ao bom entendimento entre os homens. Nunca vos esqueçais, filhos, de que não se pode ser justo se não se conhecem bem os fatos, se não se ouvem os sinos tanto de um lado como do outro, se não se sabe — em cada caso — quem é o sineiro.

Fortes in fide[16], para defender corajosamente a fé, para resistir e ensinar a resistir à fácil tentação

---
16   *1 Pe* 5, 9.

CARTA 4

das novidades, de querer divulgar ou dar como dogma o que são apenas teorias de especialistas. É bom buscar o progresso do conhecimento e da exposição da fé e da moral, aceitando sempre o magistério eclesiástico; mas não se pode ser tão irresponsável a ponto de dar rédea solta a qualquer ideia ou difundir o que é apenas uma hipótese de trabalho, talvez muito provisória e nada fundamentada.

Há alguns, minhas filhas e filhos, que, depois de terem posto em circulação opiniões peregrinas e confusas, recorrem ao ingênuo expediente da criança gulosa, e com esse argumento tentam se livrar da responsabilidade: quando o pequeno guloso comeu o pote inteiro de marmelada, defende-se dizendo que não sabia que tanto doce podia fazer mal. Deve-se dar ao povo cristão, antes de tudo, a doutrina segura, clara, sem discussão.

Não se trata, porém, de criar uma religião para os ignorantes, e sim de ser realistas e perceber que muitas vezes o conhecimento das pessoas está ao nível daquele a quem perguntaram: *o que você sabe sobre Santo Isidoro de Sevilha?* E ele respondeu: *Santo Isidoro? Ah, sim! Foi o fundador da Giralda*[17].

---

17 Resposta incoerente, que evidencia a ignorância de alguém que não quer admitir sua falta de conhecimento. Santo Isidoro de Sevilha faleceu no século VII, enquanto a Giralda é um minarete construído em Sevilha durante a ocupação muçulmana, no século XII, e que veio a se transformar na torre do campanário da catedral dessa cidade em meados do século XIII. [N. do T.]

A virtude da temperança levar-vos-á a nunca exagerar, a não vos deixardes levar pela raiva, a não cair no fanatismo. Um filho de Deus na sua Obra não pode seguir o exemplo de quem aconselha bater na cabeça do adversário, *para que ele não coxeie*.

Obrigação de conviver. Não repudiar ninguém

10 Como podeis ver, filhas e filhos queridíssimos, a prática harmoniosa da santa transigência e da santa intransigência é fácil e é difícil: fácil, porque a caridade de Cristo nos impulsiona e a sua graça nos ajuda; difícil, porque contraria as más inclinações da nossa miséria pessoal e exige levar em conta muitos fatores, para que não se resolvam os problemas de maneira falsa e precipitada.

No coro de São Turíbio de Liébana existem, segundo me disseram, algumas mísulas que parecem sustentar as nervuras das abóbadas; alguns de vós podem tê-las visto. Uma das mísulas representa uma cabeça de cão e a do lado oposto, uma cabeça de gato. Costumam explicar que o gato significa o homem velho que todos trazemos dentro de nós; e o cão alude ao homem novo, aquele que Jesus Cristo fez nascer com a sua Redenção. No entanto, algumas vezes pensei que essas mísulas também poderiam ser o símbolo do convívio entre os homens: nações,

CARTA 4

credos religiosos, raças, pessoas que vivem *como o cachorro e o gato*, sempre lutando, mas que são obrigadas a conviver, suportando o peso da abóbada, a paz e a tranquilidade do mundo.

Não esqueçais que, se existem coisas que dividem, sempre existem também coisas que unem, que podem facilitar um relacionamento respeitoso, amigável, leal; e que os filhos de Deus — na sua verdadeira Igreja — devem saber aproveitar e destacar, para assim atrair para a luz *iis qui ignorant et errant*[18], aqueles que não conhecem a verdade e estão no erro.

Nunca cheguei a gostar daquele exemplo que algumas pessoas usam para descrever o comportamento de um cristão: o das maçãs boas que se corrompem quando se coloca uma fruta podre na cesta onde estão. Nós, meus filhos, não devemos temer a convivência com aqueles que não possuam ou não vivam a doutrina de Jesus Cristo.

Com as devidas precauções, não devemos rechaçar ninguém, porque temos meios espirituais, ascéticos e intelectuais suficientes para não nos deixarmos estragar: um filho de Deus na Obra não deve deixar-se influenciar pelo ambiente, mas deve ser quem dá o ambiente aos que estão ao seu redor, o nosso ambiente, o ambiente de Jesus Nosso Senhor,

---
[18] *Hb* 5, 2.

que conviveu com os pecadores e se relacionava com eles[19].

Distinção entre o erro e aquele que erra. Caridade com os equivocados

11 As ideias más não costumam ser totalmente más; elas têm, normalmente, uma parcela de bem, porque senão ninguém as seguiria. Quase sempre têm uma centelha de verdade, que é o seu chamariz; mas essa parcela de verdade não é delas: é tirada de Cristo, da Igreja; e, portanto, são essas boas ideias — que estão misturadas com o erro — que hão de vir atrás dos cristãos, que possuem a verdade completa; não devemos ser nós a ir atrás delas.

Mas este critério só é válido do ponto de vista doutrinal; no relacionamento pessoal, na prática, sois vós que deveis ir atrás dos equivocados, não para vos deixardes levar por suas ideologias, mas para conquistá-los para Cristo, para atraí-los com suavidade e eficácia para a luz e para a paz.

Com frequência, me ouvis repetir que a Obra de Deus não é *antinada*. Certamente não podemos dizer que o erro é uma coisa boa, mas os que estão equivocados merecem o nosso carinho, a nossa ajuda, o nosso relacionamento leal e sincero: e nós

---

19 Cf. *Lc* 15, 2.

não agradaríamos a Deus se o negássemos a eles simplesmente porque não pensam como nós.

Numa palavra, devemos viver numa conversa contínua com os nossos companheiros, com os nossos amigos, com todas as almas que se aproximem de nós. Essa é a santa transigência. Certamente poderíamos chamá-la de tolerância, mas tolerar me parece pouco, porque não se trata apenas de admitir, como um mal menor ou inevitável, que os outros pensem de modo diferente ou que estejam errados.

Trata-se também de ceder, de transigir em tudo o que for nosso, naquilo que for opinável, naquilo que — não afetando o essencial — poderia ser motivo de discrepância. Em suma, trata-se de aparar arestas onde elas possam ser aparadas, a fim de criar uma plataforma de entendimento que dê luz aos equivocados.

Muitos que clamam por transigência e desejariam ceder na moral de Cristo, ou que não teriam dificuldade em desvirtuar o dogma, não toleram, no entanto, que toquem no seu dinheiro, no seu conforto, no seu capricho, na sua honra, nas suas opiniões. Talvez não façam objeção a que os direitos da Igreja sejam violados, mas atacarão como cobras se alguém tentar intervir naquilo que consideram direitos pessoais, embora muitas vezes não sejam direitos, mas arbítrio, confusão, coisas pouco claras.

Outros fazem o contrário: transformam sua vida numa cruzada perpétua, numa defesa constante da fé, mas às vezes se obstinam, esquecendo que a caridade e a prudência deveriam reger esses bons desejos, e assim se tornam fanáticos. Apesar de sua reta intenção, o grande serviço que querem prestar à verdade é distorcido, e eles acabam fazendo mais mal do que bem, defendendo talvez sua opinião, seu amor-próprio, sua mente fechada.

Tal como o fidalgo de La Mancha, veem gigantes onde só há moinhos de vento; tornam-se pessoas mal-humoradas, azedas, com zelo amargo, modos bruscos, que nunca encontram nada de bom, que veem tudo escuro, que têm medo da legítima liberdade dos homens, que não sabem sorrir.

Em certa ocasião, um jornalista contou-me sobre suas tentativas de encontrar o túmulo de César Borgia, o famoso *condottiero* odiado por alguns e elogiado por outros. O jornalista foi a Viana — em Navarra — porque ouvira dizer que ele havia sido sepultado diante da porta da igreja. Ele manifestou o seu desejo, e alguém lhe disse: *não se preocupe em procurar; eu o desenterrei e joguei suas cinzas numa eira.*

Finalmente, há outras pessoas que não atacam a fé, mas também não a defendem. Entraram num ceticismo confortável e egoísta que, sob o pretexto de respeitar a opinião alheia, refugia-se na indecisão e na irresponsabilidade. Sua atitude fica bem refletida naqueles versos que alguém escreveu por brincadeira; e, se os escreveu a sério, devemos concluir que entendeu o Evangelho tão mal como a preceptiva literária: *neste mundo inimigo/ não há ninguém em quem confiar./ Cada um cuide de sigo, / eu de migo, tu de tigo, / e tente se salvar*[20].

Relacionar-se com todos. Saber escutar. Amigos da liberdade

Nós, filhos queridíssimos, devemos relacionar-nos com todos, não devemos nos sentir incompatíveis com ninguém. Existem muitas razões sobrenaturais que exigem isso de nós, e eu já vos recordei várias; quero agora fazer-vos notar outra mais.

Ao vir para a Obra, não nos afastamos do mundo; estávamos no mundo antes da chamada de Cristo e continuamos no mundo depois, sem mudar nossos passatempos e nossos gostos, nosso trabalho profissional, nosso modo de ser. Não deveis ser mundanos, mas continuais sendo do mundo, gente da rua, iguais a tantas pessoas que convivem diariamente convosco no trabalho, no estudo, no escritório, no lar.

Essa convivência dá-vos a ocasião para aproximar as almas de Cristo Jesus, e é lógico que não a eviteis.

13

---

20 FULGENCIO AFÁN DE RIBERA, *La virtud al uso y mística á la moda, destierro de la hipocresía en frase de eshortacion á ella, embolismo moral* (1729), Madri, Ibarra, 1820, pp. 56-57. [N. do E.]

Mais que isso, é necessário que a procureis, que a fomenteis, porque sois apóstolos, com um apostolado de amizade e de confidência, e não podeis ficar encerrados detrás de nenhum muro que vos isole dos vossos companheiros: nem materialmente, porque não somos religiosos, nem espiritualmente, porque o relacionamento nobre e sincero com todos é o meio humano do vosso trabalho de almas.

A vossa conduta para com os outros terá assim umas características que nascem da caridade: delicadeza no trato, boa educação, amor à liberdade alheia, cordialidade, amizade. O Apóstolo o diz muito claramente! *Embora livre em relação a todos, fiz-me servo de todos, para ganhar o maior número possível. Fiz-me judeu com os judeus, para ganhar os judeus; com os que estão sob a Lei, fiz-me como se estivesse sob a Lei, não estando eu sob a Lei, para ganhar aqueles que estão sob a Lei; com os que estão sem a Lei, fiz-me como se estivesse sem a Lei, não estando sem a Lei de Deus, mas estando sob a Lei de Cristo, para ganhar os que estão sem a Lei. Fiz-me fraco com os fracos, para ganhar os fracos. Fiz-me tudo para todos, para salvar alguns a todo custo*[21].

E acrescenta a razão disso, quando escreve aos romanos: *Todo aquele que invocar o nome do Senhor será salvo. Mas como irão invocá-lo se não acreditam nele? Ou como acreditarão nele, se nunca ouviram falar dele? E como ouvirão falar dele se ninguém pregar para*

---
21 *1 Cor* 9, 19-22.

eles?[22] Para *pregar* Cristo, meus filhos, não deveis limitar-vos a falar ou a dar bom exemplo; é necessário que também escuteis, que estejais dispostos a entrar num diálogo franco e cordial com as almas que quereis aproximar de Deus.

Certamente, encontrareis muitos que, movidos pela graça, nada mais desejam do que ouvir da vossa boca a boa-nova; mas também eles terão coisas a dizer: dúvidas, consultas, opiniões que querem confrontar, dificuldades. Escutai-os, acompanhai-os, vivei com eles para conhecê-los e para vos fazerdes conhecer.

A Obra de Deus — não vos esqueçais — é o que há de mais oposto ao fanatismo, o mais amigo da liberdade. E estamos convencidos de que, para levar a verdade aos outros, o procedimento é rezar, compreender, conviver e, depois, fazer raciocinar e ajudar a estudar as coisas.

Conviver com todos. Amigos das pessoas: não, de seus erros. Apostolado universal

A vida dos filhos de Deus em sua Obra é apostolado: daí nasce neles o desejo constante de conviver com todos os homens, de vencer qualquer barreira na caridade de Cristo. Daí nasce também sua preocupação por fazer com que desapareça

---
22 *Rm* 10, 13-14.

qualquer forma de intolerância, coação e violência no relacionamento entre os homens.

Deus quer ser servido em liberdade; portanto, não seria reto um apostolado que não respeitasse a liberdade das consciências. Por isso, cada um de vós, meus filhos, deve procurar viver na prática uma caridade sem limites: compreendendo todos, desculpando todos sempre que houver oportunidade, tendo, sim, um grande zelo pelas almas, mas um zelo amável, sem modos grosseiros ou gestos bruscos. Não podemos colocar o erro no mesmo nível da verdade, mas — sempre observando a ordem da caridade — devemos acolher com grande compreensão os que estão equivocados.

Costumo insistir sempre, para que vos fique bem clara esta ideia, que a doutrina da Igreja não é compatível com os erros que vão contra a fé. Mas por que não poderemos ser amigos leais daqueles que cometam esses erros? Se tivermos nossa conduta e doutrina bem firmes, será que não poderemos puxar com eles o mesmo carro, em tantos campos? O Senhor quer que estejamos em todos os caminhos da terra, semeando as sementes da compreensão, da caridade, do perdão: *in hoc pulcherrimo caritatis bello*, nesta linda guerra de amor, de desculpas e de paz.

Não penseis que esse espírito é apenas algo bom ou aconselhável. É muito mais, é um mandato imperativo de Cristo, o *mandatum novum*[23] de que tanto vos falo e que nos obriga a amar todas as almas, a compreender as circunstâncias dos outros, a perdoar se nos fizerem algo que mereça perdão. Devemos ter uma caridade que cubra todas as deficiências da fraqueza humana, *veritatem facientes in caritate*[24], tratando com amor aquele que erra, mas não admitindo concessões no que é matéria de fé.

O Senhor chamou-nos à sua Obra para que difundamos sua mensagem de amor infinito por toda a terra. Não há alma que possa ficar excluída da nossa caridade. Quando o cristão compreende e vive a catolicidade da Igreja, quando percebe a urgência de anunciar a nova da salvação a todas as criaturas, sabe que deve fazer-se *tudo para todos, para salvar a todos*[25]. 15

E o nosso desejo apostólico converte-se efetivamente em vida; começa com o que está ao seu alcance, por meio dos afazeres ordinários de cada dia, e aos poucos vai estendendo sua ânsia de colheita em círculos concêntricos: no seio da família, no lugar de trabalho; na sociedade civil, na cátedra de cultura, na assembleia política, entre todos os seus concidadãos, qualquer que seja sua condição

---

[23] Jo 13, 34.
[24] Cf. Ef 4, 15.
[25] 1 Cor 9, 22.

social; chega até as relações entre os povos, abarca em seu amor raças, continentes e civilizações diversíssimas.

Mas o apóstolo deve começar a fazer sua obra divina naquilo que está ao seu lado, sem esgotar seu zelo em fantasias ou em *oxalás*. E esse é o conselho que vos dou. Chegará o dia em que podereis colocar em prática vossos desejos de amor e de apostolado entre pessoas de toda a terra. Agora, minhas filhas e filhos, a Obra está nascendo e estais materialmente reduzidos a âmbitos limitados, mas o espírito é universal, e nós também seremos universais de fato: nosso empreendimento sobrenatural não conhece fronteiras.

Imitar Jesus Cristo. O diálogo de Deus com os homens

16 Mas, hoje e sempre, devemos estar dispostos a conviver com todos, dar a todos — com o nosso relacionamento — a possibilidade de se aproximarem de Cristo Jesus.

Temos de nos sentir unidos a todos, sem distinções, sem dividir as almas em departamentos estanques, sem rotulá-las, como se fossem mercadorias ou insetos dissecados. Não podemos nos separar dos outros, caso contrário nossa vida se tornaria miserável e egoísta.

Os cristãos não se distinguem dos outros homens nem pelo lugar de origem, nem pelo modo de falar, nem pelo modo de viver. São cidadãos como os outros[26]. Os cristãos — nós, minhas filhas e meus filhos — devemos imitar Cristo, ser *alter Christus*, e Jesus Nosso Senhor amou tanto os homens que se encarnou, assumiu nossa natureza e viveu trinta e três anos na terra, em contato diário com pobres e ricos, com justos e pecadores, com jovens e velhos, com judeus e gentios. Quereis, então, aprender com Cristo e tomar exemplo de sua vida? Abramos o Santo Evangelho e ouçamos o diálogo de Deus com os homens.

17 Um dia — diz-nos São Lucas no capítulo XI — Jesus estava rezando. Como seria a oração de Jesus Cristo! Os discípulos estavam por perto, talvez contemplando-o, e, quando terminou, um deles lhe disse: *Domine, doce nos orare, sicut docuit et Ioannes discipulos suos*[27]. Senhor, ensina-nos a orar, como também João ensinou aos seus discípulos. *E Jesus respondeu-lhes: quando orardes, deveis dizer: Pai, santificado seja o vosso nome...*[28]

Minhas filhas e filhos, observem a maravilha: os discípulos conversam com Jesus Cristo, e, como resultado dessas conversas, o Senhor ensina-lhes

---

26 *Ad Diognetum*, 5, 1.5 (SC 33, p. 63).
27 *Lc* 11, 1.
28 *Lc* 11 , 2.

a orar e lhes mostra a grande maravilha da misericórdia divina: que somos filhos de Deus e que podemos nos dirigir a Ele como um filho fala com seu pai.

Relacionamento com Deus, e também relacionamento com os homens: bastarão algumas cenas do Evangelho, entre tantas outras, para que compreendais ainda melhor a profundidade divina do nosso apostolado de amizade e confidência.

18   A primeira fala-nos do encontro de Jesus com Nicodemos. *Mestre* — diz aquele homem, personagem importante entre os judeus —, *sabemos que vieste de Deus para nos ensinar; porque ninguém pode fazer os milagres que fazes, se não tiver Deus consigo*[29]. Jesus responde-lhe, meus filhos, com uma frase que aparentemente nada tem a ver com o que disse Nicodemos, mas que atrai a sua atenção e o cativa; provoca o diálogo do seu interlocutor: *pois em verdade, em verdade te digo que quem não nascer de novo não pode ver o reino de Deus*[30].

Foi assim que começou a conversa, que já conheceis; e conheceis também o resultado: na hora do *fracasso da Cruz*, ali estará Nicodemos para pedir corajosamente a Pilatos o Corpo do Senhor.

---
[29]   Jo 3, 2.
[30]   Jo 3, 3.

Mas e a mulher samaritana? Por acaso Jesus Cristo não faz o mesmo, começando a conversar com ela, tomando a iniciativa, apesar de que *non enim coutuntur Iudaei Samaritanis*[31], apesar de não haver relacionamento entre judeus e samaritanos? Jesus fala daquilo que sabe que interessa àquela mulher, da água que todos os dias ela tem de buscar laboriosamente no poço de Jacó, de uma água viva, tão portentosa que *qui autem biberit ex acqua, quam ego dabo ei, non sitiet in aeternum*[32], quem a beber nunca mais terá sede.

Os frutos do diálogo de Cristo aparecem também no Evangelho: a conversão daquela pecadora, a transformação da sua alma, que se torna alma apostólica — *venite et videte hominem, qui dixit mihi omnia quaecumque feci: numquid ipse est Christus?*[33], vinde e vede o homem que me disse tudo o que eu fiz, não será ele o Cristo?; e a fé de muitos outros samaritanos que inicialmente *acreditaram nele por causa das palavras da mulher*[34], e depois afirmavam: *já não acreditamos por causa do que disseste, pois nós mesmos o ouvimos e sabemos que ele é verdadeiramente o Salvador do mundo*[35].

---

[31] Jo 4, 9.
[32] Jo 4, 13.
[33] Jo 4, 29.
[34] Jo 4, 39.
[35] Jo 4, 42.

Noutra ocasião, é um jovem rico — de boa família, diríamos hoje — que fez uma pergunta ao Senhor: *Bom Mestre, o que posso fazer para alcançar a vida eterna?*[36]; e Jesus responde: *por que me chamas bom? Ninguém é bom, senão Deus. De resto, se queres entrar na vida eterna, guarda os mandamentos. Disse-lhe ele: que mandamentos? Jesus respondeu: não matarás, não cometerás adultério, não furtarás, não levantarás falso testemunho, honra teu pai e tua mãe e ama o teu próximo como a ti mesmo. Disse o jovem: todos esses mandamentos tenho guardado desde a minha infância. O que mais me falta?*[37]

Por olhos humanos, meus filhos, esta era a grande ocasião do compromisso. Que outras coisas se poderiam desejar para que este jovem rico — *dives erat valde*[38] — e influente se unisse ao grupo dos seguidores de Cristo? A resposta de Jesus, porém, não podia ser outra, pois não há espaço para concessões na doutrina, apesar de que, *ao transigir*, pareça que se alcancem resultados apostólicos; a resposta do Senhor é cheia de carinho — tanto que, quando o moço foi embora triste, um lamento saiu do coração de Deus —, mas é clara, rotunda, sem ambiguidades que ocultem a dureza da verdade: *ainda te falta uma coisa: vende tudo o que tens, dá o*

---

36 Lc 18, 18.
37 Mt 19, 17-20.
38 Lc 18, 23.

dinheiro aos pobres e terás um tesouro no céu; e depois vem e segue-me[39].

Outro exemplo mais: aquele que o Senhor nos dá na Cruz, como que para nos ensinar que o afã de almas, que nos move a buscar, a conversar, a dialogar com os homens, deve manifestar-se até à morte. É a conversa emocionante, comovente, que Cristo mantém no alto do Gólgota com os dois ladrões que são crucificados com Ele.

Desta vez não foi Jesus quem iniciou a conversa, mas a sua presença no patíbulo e os seus sofrimentos são mais eloquentes do que qualquer palavra. *Se tu és o Cristo, salva-te a ti mesmo e salva-nos*[40], disse o mau ladrão, blasfemando. E o bom: *Como? Nem ao menos temes a Deus, estando como estás no mesmo suplício? Estamos por justiça no patíbulo, pois pagamos a pena merecida pelos nossos crimes; mas este não fez mal algum.* E então disse a Jesus: *Domine, memento mei; Senhor, lembra-te de mim quando chegares ao teu reino*[41]. Meus filhos, a breve resposta de Jesus, que intervém na conversa entre os dois criminosos, foi salvação para aquele que estava arrependido: *em verdade te digo, que hoje estarás comigo no paraíso*[42].

---

39   Lc 18, 22.
40   Lc 23, 39.
41   Lc 23, 40-42.
42   Lc 23, 43.

Exemplo dos primeiros cristãos

19 Estes poucos exemplos são suficientes para que nunca nos esqueçamos de como e com que espírito devemos realizar nosso trabalho de almas. Nossa maior ambição deve ser viver como Cristo Nosso Senhor viveu; como também viveram os primeiros fiéis, sem divisões por motivos de sangue, nação, língua ou opinião.

Também temos de ensinar a todos os católicos, a todos os homens, esse mandato novo que antes vos recordei. Parece-me que ouço São Paulo gritar quando diz aos de Corinto: *divisus est Christus? Numquid Paulus crucifixus est pro vobis? Aut in nomine Pauli baptizati estis?*[43]. Por acaso Cristo está dividido? Porventura Paulo foi crucificado por vós, ou fostes batizados em seu nome, para que digais: *eu sou de Paulo, eu de Apolo, eu de Cefas ou eu de Cristo?*[44]

Serem todos filhos de Deus, terem sido todos redimidos por Jesus Cristo, é a razão mais profunda da unidade entre os homens, e nenhum outro título é necessário. Não se acrescentam qualificativos ao ouro ou à prata pura: quando a prata é prata e o ouro é ouro, eles são chamados assim, sem mais. Se algum qualificativo é colocado depois deles — um

---

43 *1 Cor* 1, 13.
44 *1 Cor* 1, 12.

sobrenome, às vezes —, não é bom metal: é uma imitação barata.

Relacionamento com aqueles que estão no erro. Conhecer suas razões

Dentro da ordem da caridade — insisto —, trataremos com muito carinho aqueles que, por ignorância, por soberba ou incompreensão alheia, aproximam-se do erro ou nele caíram. Se as pessoas erram, minhas filhas e filhos, nem sempre é por má vontade: há ocasiões em que erram porque não têm meios de descobrir a verdade por si mesmas; ou porque acham mais cômodo — e devemos desculpá-los — repetir tolamente o que acabaram de ouvir ou ler, fazendo eco de falsidades.

É preciso saber os motivos que possam ter. Não agrada a Deus julgar sem ouvir o réu, às vezes nas sombras do segredo e, muitas vezes — dada a triste fragilidade humana —, com testemunhas e acusadores que usam seu anonimato para caluniar ou difamar.

Eu faltaria com a verdade, filhos, se dissesse que este conselho que vos dou vem só da experiência alheia: eu o vivi na minha carne, mas — pela graça de Deus — também posso dizer que, desde então, amo mais a Igreja, justamente porque há eclesiásticos que condenam sem ouvir.

21 Lembrais daquelas cenas que o Evangelho nos conta, narrando a pregação de João Batista? Criou-se um grande burburinho! Será ele o Cristo, será Elias, será um Profeta? Tanto barulho foi feito que *os judeus enviaram sacerdotes e levitas de Jerusalém para lhe perguntar: quem es tu?*[45]

Além disso, com olhos pouco sobrenaturais, poderia parecer que João não aproveita uma oportunidade de fazer prosélitos. Ele poderia até ter respondido com o testemunho que Jesus viria a dar sobre ele: *ipse est Elias, qui venturus est. Qui habet aures audiendi audiat*[46]; ele é aquele Elias que havia de vir. Quem tem ouvidos para entender, entenda.

Mas aqueles que foram perguntar a João não estavam em condições de entender bem aquelas outras palavras, e *ele confessou a verdade e não a negou... Eu sou a voz do que clama no deserto*[47]. E, verdadeiramente, suas palavras caíram no deserto, porque aqueles que pareciam desejar a verdade não a ouviram.

A mesma coisa aconteceu quando Jesus começou sua vida pública: murmúrios, surpresa, temor, ciúmes... Sua fama havia se espalhado — diz o Evangelho — *por toda a Judeia e por todas as regiões vizinhas*[48]. Rumores também chegaram aos

---

45   Jo 1, 19.
46   Mt 11, 14-15.
47   Jo 1, 20.23.
48   Lc 7, 17.

ouvidos daqueles que seguiam o Batista, e *seus discípulos informaram João de todas essas coisas. E João, chamando dois deles, enviou-os a Jesus para lhe fazer esta pergunta: és tu aquele que há de vir, ou devemos esperar outro?*[49]

Que bonita é a conduta de João Batista! Que limpa, nobre e desinteressada! Ele preparou verdadeiramente os caminhos do Senhor: os seus discípulos só conheciam Cristo por ouvir dizer, e ele os impele a dialogar com o Mestre; faz com que o vejam e se relacionem com Ele; dá-lhes a oportunidade de admirar os prodígios que opera: *os cegos veem, os coxos andam, os leprosos ficam limpos, os surdos ouvem, os mortos ressuscitam, o evangelho é anunciado aos pobres*[50].

Meus filhos, tal como João, devemos ter sempre a fortaleza para nos informarmos antes de opinar; e devemos ensinar todos a fazer o mesmo, sem que se deixem levar pelas aparências de mexericos ou falatórios. Dizer de uma pessoa que ela é honrada e de conduta impecável, mesmo que seja verdade, infelizmente não é notícia, não chama a atenção; enquanto atribuir-lhe todo tipo de maquiavelismo ou artimanhas, mesmo que isso não seja verdade, é atraente e se divulga, ao menos como hipótese ou boato.

---

49 *Lc* 7, 18-19.
50 *Lc* 7, 22.

Diálogo com quem não conhece a nossa religião e com os que se afastaram da fé católica

22   Tende compreensão, mesmo com aqueles que não parecem capazes de entender o próximo e o julgam precipitadamente. O vosso carinho e o vosso exemplo, cheios de retidão, servirão como o melhor estímulo, ao verem que, com a graça de Deus, lutais e venceis as más inclinações, a tendência ao erro que todos nós temos.

Dá no mesmo se forem provenientes de almas afastadas do Senhor ou o resultado da incompreensão dos *bons*. Seus preconceitos nascem justamente do distanciamento, da ausência de um diálogo franco, que os ajude a compreender o que não *entendem*. Não seremos nós que recusaremos esse diálogo, e, se eles o recusarem, não guardemos rancor deles, porque a sua incompreensão nos santifica. O doente sensato não guarda rancor do bisturi que o médico usou para curá-lo.

Vosso carinho, vosso trato sincero e nobre, devem ser também para com aqueles que não conhecem a nossa religião e para com os que se afastaram da fé católica. Iremos admiti-los sempre ao nosso lado e — sem ceder na doutrina, porque não é nossa —, iremos transigir com as pessoas, iremos convidá-las a trabalhar lado a lado conosco, no coração dos nossos trabalhos; iremos colocá-las no centro daquilo que mais amamos na terra, iremos dar-lhes a grande oportunidade de se tornarem mão e braço de Deus, de fazerem a sua Obra no mundo.

Vereis como esta vossa conduta os aproximará da fé que eles nunca tiveram ou que perderam, tantas vezes sem muita culpa de sua parte. Quando isso acontecer, vosso carinho deve ser redobrado; devereis continuar caminhando juntos pela vida, dialogando como amigos sinceros, adivinhando suas possíveis dificuldades, para os confirmar ainda mais no bom caminho; fortalecendo cientificamente a vossa fé, porque é estéril — é contraproducente — qualquer tentativa de diálogo sobre estas questões sem doutrina e sem dom de línguas.

Tendes aqui mais um motivo para que sintais a urgência de uma formação sólida, contínua, profunda e bem alicerçada em princípios seguros. Com esse preparo, não precisareis temer a convivência com quem está no erro. Como me entristece ouvir algumas vezes, referindo-se a pessoas que abraçaram a nossa fé depois de passar anos, talvez uma vida inteira, sem conhecer a Luz: *ele é um convertido; é preciso ter cuidado!*

É preciso ter cuidado para os amar ainda mais, sem desconfiança, com alegria, *porque haverá mais festa no céu por um pecador que se converta do que por noventa e nove justos que não necessitam de penitência*[51]. Mas também é preciso ter cuidado para não trair seu desejo de estar com Cristo, não dar a eles como bom o que não o é; para que, por sua insegurança — são como crianças recém-nascidas na fé — ou por seu ímpeto fogoso, não se desviem do bom caminho que começaram a trilhar.

Não ser contra ninguém. Compreensão com todos. Saber perdoar

24 Ainda não se esgota nossa caridade: devemos conviver também com aqueles que estão diante de Cristo, porque — caso contrário — não poderemos lhes fazer o bem de dá-lo a conhecer. Não vos deixeis, porém, seduzir por falsas táticas de apostolado, pois encontrareis pessoas obcecadas, até pelo mesmo bom desejo de ganhar almas, que — com a desculpa de ir à procura da ovelha perdida — acabarão por cair na areia movediça de erro que querem combater, enganados por meios-termos, concessões ou transigências imprudentes.

Queremos fazer o bem a todos: aos que amam Jesus Cristo e aos que talvez o odeiem. Mas estes, além disso, nos dão muita pena: por isso, devemos procurar tratá-los com afeto, ajudá-los a encontrar a fé, afogar o mal — repito — em abundância de

---
51 *Lc* 15, 7.

bem. Não devemos ver ninguém como inimigo: se eles combatem a Igreja de má-fé, nossa conduta humana reta, firme e amável será o único meio para que, com a graça de Deus, descubram a verdade ou, pelo menos, a respeitem.

Se os seus ataques nascem da ignorância, nossa doutrina — confirmada pelo exemplo — poderá fazer cair o véu de seus olhos. Defenderemos sempre os santos direitos da Igreja, mas tentaremos fazê-lo sem ferir, sem humilhar, procurando não levantar desconfianças nem ressentimentos.

Contra quem nós estamos? Contra ninguém. Não posso amar o diabo, mas amo todos os que não são o diabo, não importa quão maus sejam ou possam parecer. Não me sinto nem nunca me senti contrário a ninguém; rejeito ideias que vão contra a fé ou a moral de Jesus Cristo, mas, ao mesmo tempo, tenho o dever de acolher, com a caridade de Cristo, todos aqueles que as professem.

Muitas vezes, esses erros são o resultado de uma formação equivocada. Em não poucos casos, esses pobrezinhos não tiveram ninguém que lhes ensinasse a verdade. Penso, por isso, que no dia do juízo haverá muitas almas que responderão a Deus como respondeu o paralítico na piscina — *hominem non habeo*[52], não houve ninguém que me ajudasse — ou como responderam aqueles trabalhadores desempregados

---

[52] Jo 5, 7.

à pergunta do dono da vinha: *nemo nos conduxit*[53], não nos chamaram para trabalhar.

Embora seus erros sejam culpáveis e sua perseverança no mal seja consciente, há no fundo dessas almas infelizes uma profunda ignorância que só Deus pode medir. Ouvi o grito de Jesus na Cruz, desculpando aqueles que o mataram: *Pater, dimitte illis: non enim sciunt quid faciunt*[54]; Pai, perdoa-lhes porque não sabem o que fazem. Sigamos o exemplo de Jesus Cristo, não rejeitemos ninguém: para salvar uma alma, temos de ir até as próprias portas do inferno. Não mais além, porque ali não se pode amar a Deus.

Espírito universal

25   Este é o nosso espírito, e nós o demonstraremos abrindo sempre as portas de nossas casas para pessoas de todas as ideologias e de todas as condições sociais, sem qualquer distinção, com o coração e os braços dispostos a acolher todos. Não temos a missão de julgar, mas o dever de tratar fraternalmente todos os homens.

Não há uma alma sequer que nós excluamos da nossa amizade, e ninguém deve se aproximar da Obra de Deus e ir embora vazio: todos devem se sentir

---

53   Mt 20, 7.
54   Lc 23, 34.

amados, compreendidos, tratados com afeto. Amo o último pobrezinho que agora está no canto mais escondido do mundo, fazendo o mal e, com a graça de Deus, daria minha vida para salvar sua alma.

Com a mente clara, com a formação que recebeis, sabereis em cada caso o que é essencial, aquilo em que não se pode ceder. Estareis também em condições de discernir aquelas outras coisas que alguns consideram imutáveis, mas que não são mais do que o produto de uma época ou de certos costumes: e este discernimento facilitar-vos-á a disposição de ceder alegremente. E cedereis também — quando as almas estiverem em jogo — naquilo que é ainda mais opinável, que é quase tudo.

Insisto, porém, em que não vos deveis deixar enganar por falsas compaixões. Muitos que parecem movidos pelo desejo de comunicar a verdade cedem em coisas que são intocáveis e chamam de compreensão com os equivocados o que não passa de uma crítica negativa, por vezes brutal e implacável, à doutrina da nossa Mãe Igreja. Também não deixeis de os compreender, mas, ao mesmo tempo, defendei a verdade, com calma, moderação e firmeza, mesmo que quando o fizerdes alguns vos *acusem* de fazer apologias.

26. Serão maravilhosos os frutos humanos e sobrenaturais que nascerão dessa vossa conduta.

A Obra de Deus é um grande instrumento para fazer feliz a humanidade, se formos fiéis: e seremos fiéis porque *fiel é Deus, que nos fortalecerá e nos defenderá do mau espírito*[55].

Vejo a Obra projetada nos séculos, sempre jovem, graciosa, bela e fecunda, defendendo a paz de Cristo, para que todos a possuam. Contribuiremos para que, na sociedade, se reconheçam os direitos da pessoa humana, da família, da Igreja. Nosso trabalho reduzirá o ódio fratricida e a desconfiança entre os povos, e minhas filhas e meus filhos — *fortes in fide*[56], firmes na fé — saberão ungir todas as feridas com a Caridade de Cristo, que é um bálsamo suavíssimo.

Não vos dá alegria que o Senhor tenha querido para o nosso empreendimento sobrenatural esse espírito que palpita no Evangelho, mas que parece tão esquecido no mundo?

Agradecei a Jesus, agradecei a Santa Maria; e renovai vosso desejo de corredenção e apostolado. Que grande trabalho nos espera! Porque aquele que começou em nós a Obra a levará até o fim[57].

Que o Senhor guarde esses meus filhos.

Madri, 16 de julho de 1933

---

[55] 2 Ts 3, 3.
[56] 1 Pe 5,
[57] Cf. Fl 1, 6.

ÍNDICE DE TEXTOS DA SAGRADA ESCRITURA

Antigo Testamento

Gênesis (Gn)
2, 7 ....2.26
25, 29-34 ......2.23; 3.43

1 Reis (1 Rs)
3, 6 ....1.23; 3.32
3, 6.9 ....2.42; 2.47

1 Crônicas (1 Cr)
29, 17 ....4.3

Tobias (Tb)
12, 13 ....2.20

Jó (Jó)
1, 1 ....1.4
7, 1 ....2.10
7, 7 ....1.19

Salmos (Sl)
2, 11-12 ....3.88
6, 3-4 ....2.20
11 [10], 6 (Nv) 4.8

18 [17], 2-3 ....2.7
18 [17], 28 ....2.4
19 [18], 11 ....2.19
30 [29], 2-5 ....2.27
35 [34], 13 ....2.21
37 [36], 23-24 ....2.26
40 [39], 7-9 ....3.83
43 [42], 2 ....2.25; 2.49
51 [50], 19 ....2.29
56 [55], 2-3 ....2.1
62 [61], 13 ....3.85
69 [68], 10 ....3.73
71 [70], 7 ....2.30
73 [72], 21 ....3.73
86 [85], 3-4 ....3.15
86 [85], 3.5 ....2.16
89 [88], 2 ....1.3
96 [95], 1 ....3.3
100 [99], 2 .....3.5; 3.65
103 [102], 15 ....3.85
104 [103], 31 ....3.93
105 [104], 4 ....3.15
106 [105], 1 ....2.62

118 [117], 13........2.21
119 [118], 106......2.23
130 [129], 1-8.......2.26
138 [137], 6..........3.90
139 [138], 1-12.....2.35
143 [142], 9-10.....2.13

Provérbios (Pr)
8, 31......................2.59
10, 9......................2.54
24, 16....................2.11

Eclesiastes (Ecl)
3, 11......................3.57
4, 10......................2.56

Cântico dos Cânticos (Ct)
2, 15......................1.16

Sabedoria (Sb)
3, 11........................2.8
10, 17......................2.8

Eclesiástico (Eclo)
8, 5..........................1.4
19, 1.......................1.16
24, 29.....................2.10
31, 10-11...............2.47
39, 6-11..................2.54

Isaías (Is)
21, 11.....................2.13
43, 1.......................2.20
49, 2.......................3.77

Jeremias (Jr)
16, 16-17...............3.13
23, 8......................3.13
23, 16-17.32..........2.37
29, 11......................4.1

Ezequiel (Ez)
33, 11-12...............2.11

Daniel (Dn)
2, 32-33...................2.2
2, 34-35...................2.2

Novo Testamento

São Mateus (Mt)
2, 1-3.......................1.6
4, 19.......................3.11
4, 19-20.................3.10
5, 13-14........1.22; 3.35
5, 16..............1.21; 3.35
5, 48..............1.2; 1.19
5, 48.........................3.6

6, 1.........................3.65
6, 16.......................3.65
6, 24.......................3.83
7, 24-27...................2.7
8, 21-22.................3.10
9, 32-33.................2.38
9, 35-38...................3.8
9, 37.......................3.85

ÍNDICE DE TEXTOS DA SAGRADA ESCRITURA

10, 34	2.9	São Lucas (Lc)	
11, 14-15	4.21	1, 38	1.20
11, 29	3.71	5, 4-8	2.28
13, 24	2.13	5, 8	1.2
13, 25	2.13	5, 10	2.28
13, 26	2.13	6, 38	1.23
13, 33	1.5	7, 6-7	2.54
13, 34	3.36	7, 12-15	2.27
13, 36	2.13	7, 14	1.22
13, 44-45	3.9	7, 17	4.21
13, 47	3.12	7, 18-19	4.21
13, 55	1.20	7, 22	4.21
15, 32	2.53	8, 5	4.5
18, 15	2.56	8, 45	2.61
19, 17-20	4.18	9, 54	4.6
20, 7	4.24	9, 56 (Vg)	4.6
20, 9	2.55	9, 61-62	3.10
22, 21	3.41	11, 1	4.17
20, 28	2.33; 3.40; 3.86	11, 2	4.17
		10, 17	1.23
23, 1-4	3.34	11, 24-26	2.46
23, 5	3.34	12, 43	3.36
24, 13	2.43	12, 48	3.10
25, 21	1.19	12, 49	1.23
26, 41	2.13	15, 2	4.10
26, 50	3.71	15, 7	4.23
27, 16-26	2.55	18, 23	4.18
		19, 5	4.2
São Marcos (Mc)		19, 45-46	3.72
2, 9	1.22	20, 20	2.53
6, 34	1.1	22, 24	2.48
6, 48	2.1	23, 34	4.24
6, 50-51	2.1	23, 39	4.18
9, 24	2.38	23, 40-42	4.18
10, 35-39	2.49	23, 40-43	2.55
11, 22-24	2.52	23, 43	4.18

São João (Jo)

1, 9	3.29
1, 19	4.21
1, 20.23	4.21
2, 17	3.72; 3.83
3, 2	4.18
3, 3	4.18
3, 16-17	3.19
3, 17	3.29
3, 27	2.31
3, 30	1.21; 2.33; 3.81
4, 5-6	2.51
4, 7	2.51
4, 9	4.18
4, 13	1.18
4, 29	4.18
4, 31-34	2.51
4, 39	4.18
4, 42	4.18
5, 7	4.24
6, 26	2.44
6, 28-30	2.44
6, 34	2.44
6, 67-70	2.44
7, 38	2.52
8, 12	2.17
8, 46	2.29
9, 1-3	2.16
9, 6-7	2.16
11, 3	3.33
11, 35	3.33
11, 39	3.87
12, 32	3.2
13, 23	3.75
13, 34	4.14
13, 36-38	2.32
14, 13	3.93
14, 21	2.19
15, 5	2.58
15, 13	3.71
15, 15	3.33; 3.71; 4.1
17, 15	3.47
17, 18	3.36
17, 21-22	3.21
18, 40	2.55
19, 11	3.60
21, 2	1.21
21, 17	2.24; 3.37

Atos dos Apóstolos (At)

1, 1	3.28; 4.5
2, 18	3.16
2, 42	2.61
10, 38	3.33
20, 28	3.50

Romanos (Rm)

1, 20	3.29
6, 3-4	2.49
7, 24	2.45
7, 47	3.82
8, 28	2.55; 2.23
8, 29	3.19
10, 13-14	4.13
11, 33	2.19
12, 14.17	3.74
12, 18	3.74
13, 1-6	3.60
14, 1	3.70
14, 17	1.5

ÍNDICE DE TEXTOS DA SAGRADA ESCRITURA

15, 1-2 .... 3.70
15, 1.3 .... 3.81
15, 5-6 .... 3.71

1 Coríntios (1 Cor)
1, 12 .... 4.19
1, 13 .... 4.19
1, 23 .... 3.40
1, 27-29 .... 3.89
3, 4-7 .... 1.21
3, 18 .... 3.58
5, 6 .... 1.23
7, 29 .... 3.85
9, 19-22 .... 4.13
9, 22 .... 3.68; 4.15
9, 24-25 .... 2.59
10, 12-13 .... 2.2
10, 31 .... 3.5
11, 7 .... 3.35
14, 6 .... 3.28
14, 9-11 .... 3.28
15, 12-14.19 .... 2.55
15, 53 .... 1.16
16, 24 .... 3.13; 4.3

2 Coríntios (2 Cor)
1, 12 .... 2.38
2, 15 .... 3.64
3, 17 .... 1.2
3, 17-18 .... 3.39
4, 7 .... 2.45
4, 15-18 .... 2.15
5, 14 .... 3.40; 4.3
9, 6 .... 3.7
12, 7-10 .... 2.31
12, 9 .... 2.45

Gálatas (Gl)
2, 20 .... 3.90
4, 1-7 .... 3.16
4, 31 .... 3.42; 4.3
5, 6 .... 2.44
6, 15 .... 4.5

Efésios (Ef)
1, 4 .... 2.20; 2.47
1, 10 .... 3.2
4, 2 .... 3.69
4, 15 .... 3.67; 4.14
5, 32 .... 2.45

Filipenses (Fl)
1, 6 .... 2.49; 3.93; 4.26
1, 10 .... 2.34
2, 7 .... 3.71; 3.71
3, 12 .... 2.9
4, 4 .... 2.14
4, 13 .... 2.49; 2.58; 3.86

Colossenses (Cl)
3, 3 .... 1.20
3, 17 .... 3.5

1 Tessalonicenses (1 Ts)
2, 4 .... 3.15

2 Tessalonicenses (2 Ts)
3, 3 .... 4.26

1 Timóteo (1 Tm)
1, 15 .... 3.68
1, 17 .... 1.21; 3.81
2, 1-4 .... 3.68

2, 4 .... 3.13; 4.2
2, 6 .... 3.82

Hebreus (Hb)
2, 10-13 .... 3.18
5, 2 .... 4.10
9, 27 .... 2.43
10, 5-7 .... 3.83
12, 1-2 .... 2.14

Tiago (Tg)
2, 1-6 .... 3.39
2, 14.26 .... 3.34
5, 18 .... 3.37

1 Pedro (1 Pe)
1, 24-25 .... 2.43

2, 2 .... 2.5
5, 2 .... 1.1
5, 9 .... 4.9; 4.26

2 Pedro (2 Pe)
1, 4 .... 2.3

1 João (1 Jo)
2, 16 .... 3.58
2, 29 .... 3.18
3, 1-2 .... 3.18
3, 9-10 .... 3.19
3, 18 .... 1.23
4, 5 .... 3.36

Apocalipse (Ap)
3, 20 .... 3.9

ÍNDICE TEMÁTICO

ABANDONO EM DEUS
2.25

ACOMPANHAMENTO
ESPIRITUAL
(sinceridade) 2.40-41

AMIZADE
(fecundidade apostólica
e sobrenatural) 3.33

AMOR A DEUS
(na santificação do ordinário) 1.18-19, 2.19; (e
santidade) 2.55; (contrição) 2.24-25

APOSTOLADO
(de amizade e confidência) 1.11, 3.33, 4.1-2;
(importância do bom
exemplo) 1.4, 1.6, 3.28-
-29, 3.34-35, 3.37, 4.5;
(dos leigos) 3.32; (e paz)
3.38, 4.4-5; (espírito universal, sem discriminações) 3.68, 4.15, 4.25; (e
liberdade) 3.77; (evitar
toda ambição humana)
3.83; (com intelectuais,
para chegar a todos)
3.87; (perigo da soberba) 3.87-88; (ensinar a
doutrina de Cristo) 1.3,
3.28, 3.36, 4.1; (afogar
o mal em abundância de
bem) 4.6; (transigência-
-intransigência) 4.8;
(abertos a todos, saber
escutar) 4.13; (influência
cristã no ambiente) 1.11

ARTE SACRA
3.22

CARIDADE
(coração grande e paciência) 2.56; (sem discriminações, acolher a
todos) 3.39, 3.66-67,
4.2; (e unidade) 3.69;
(amizade aberta a todos) 3.75, 4.1-2; (com
os equivocados) 4.11,
4.20, 4.24; (e amor à
liberdade) 4.13-14; (ao
julgar) 4.21; (deve crescer sempre) 1.9, 2.9

COMPREENSÃO
(e paz) 3.70, 4.3, 4.4-5; (santa transigência no que é pessoal, por caridade; santa intransigência com o erro) 3.71-72, 4.6, 4.8, 4.9, 4.22-23, 4.25; (e paciência no apostolado) 3.76; (e bom exemplo) 4.5; (superar os particularismos) 4.5; (e tolerância) 4.12; (fugir de todo fanatismo) 4.12; (relacionamento com os conversos) 4.23

COMUNHÃO DOS SANTOS
2.56

CONSCIÊNCIA
2.36-37

CONTEMPLAÇÃO
(normas de piedade e santidade) 2.59; (na vida ordinária) 1.17, 2.59, 3.13-15

CONTRIÇÃO
2.11; (perante o desalento) 2.24-25

COISAS PEQUENAS
1.13, 1.16

CRISE
(e fidelidade à vocação) 2.22-23

DESALENTO
2.28-29

DEUS
(união com Ele em tudo) 2.58, 2.61; (confiança) 2.7, 2.14; (ser fiéis a Ele por amor) 2.12

ENTREGA
(à missão recebida) 1.22; (fidelidade a Deus e aos outros) 1.23

ESPERANÇA
2.55

EXEMPLOS GRÁFICOS
(fermento) 1.5; (o garçom e o peixe) 1.12; (a roupa jogada) 1.14; (Tartarin de Tarascon) 1.18-19; (menino generoso) 1.19; (estátua com pés de barro) 2.2; (pó que brilha) 2.4; (a cizânia) 2.13; (generosidade de Alexandre Magno) 2.25; (grampos) 2.26; (conto do cigano) 2.39; (vergonha diante das visitas)

2.39; (pedrinhas nos bolsos) 2.40; (o doente diante do médico) 2.41; (os elos) 2.56; (o homem nas asas de um avião) 2.58

FÉ
2.44, 2.49-50; (diante da escuridão interior) 2.16-17; (em Jesus Cristo) 2.52-53; (*omnia in bonum*) 2.55; (defender a fé) 3.72-73, 4.8; (fidelidade à Revelação) 4.7-8

FIDELIDADE
(o remédio da sinceridade) 2.42; (a Deus) 2.12, 2.43; (e santa pureza) 2.45; (perseverança e lealdade) 2.48; (e esperança) 2.55; (à Revelação) 4.7-8; (como atuar perante uma crise) 2.22-23

FILIAÇÃO DIVINA
2.59-60, 3.16, 3.18-19; (e aridez interior) 2.18

FORMAÇÃO CRISTÃ
(ensinar os deveres cívicos) 3.45-46; (ignorância religiosa) 3.27

FUNDADOR
3.84

GRAÇA DIVINA
(a vocação) 2.47; (endeusamento bom) 2.3, 2.6

HUMILDADE
2.2, 2.30, 2.33, 2.36-37; (instrumentos de Deus) 2.26; (e endeusamento bom) 2.6, 2.29; (e sinceridade) 2.38; (e juízo próprio) 2.50; (na vida pública) 3.58-60; (pessoal e coletiva) 3.64-66; (no apostolado) 3.87-88; (esquecimento próprio) 2.15; (passar despercebidos) 1.20; (perigos da soberba) 2.4; (e retidão de intenção) 1.21; 3.81

IGREJA
(servi-la sem servir-se dela) 3.52, 3.55, 3.82; (união com o Ordinário) 3.21

INSTRUMENTOS DE DEUS
2.31; 3.89-90

JESUS CRISTO
(pô-lo no cume das atividades humanas) 3. 2; (ser corredentores) 3.40; (identificação com Ele) 3.86; (seguir seu exemplo em acolher a todos) 4.2, 4.16-19; (é a rocha onde apoiar-se) 2.7; (levar as pessoas a Ele) 1.22

LIBERDADE
(respeitá-la e defendê-la) 2.56, 3.1, 3.48-49, 3.77, 4.8, 4.13-14; (dos membros do Opus Dei) 3.42, 3.43-45; (unidade e diversidade dos católicos nas coisas temporais) 2.46; (e alegria) 2.59, 2.61-62

LUTA ASCÉTICA
1.9, 2.49; (recomeçar) 2.46; (e alegria) 2.59, 2.61-62

MAL
(reagir perante sua difusão) 2.13; (afogá-lo com o bem) 4.6

MISERICÓRDIA DE DEUS
1.1

MORTIFICAÇÃO E PENITÊNCIA
1.15

NATURALIDADE E SIMPLICIDADE
1.4; (cristãos correntes) 1.8, 3.63-64; (não ao segredo) 1.7

OBRAS DE APOSTOLADO
3.78-79; (fim espiritual e apostólico) 3.80; (humildade e retidão de intenção) 3.81; (o qualificativo "católico") 3.23-26

OBSTÁCULOS
(na vida interior) 2.10

OPUS DEI
(na Igreja) 3.1, 3.93; (não tem política) 3.42, 3.50; (liberdade e responsabilidade pessoal dos membros) 3.43-45, 3.47-48; (não ao segredo) 3.62; (sua missão de difundir a chamada à santidade no mundo) 3.91-92; (aprovação eclesiástica) 3.93; (semeadura de paz e de alegria) 4.26

ÍNDICE TEMÁTICO

ORAÇÃO
2.54

OTIMISMO
2.14

PAZ
(interior) 2.15; (consequência do apostolado) 3.38

POBREZA
(nas obras apostólicas) 3.80

REPARAÇÃO E EXPIAÇÃO
3.83

RETIDÃO DE INTENÇÃO
(e humildade) 1.21; 3.81

ROMANO PONTÍFICE
3.20

SANTA PUREZA
2.45

SANTIDADE
(busca) 2.57; (e amor a Deus) 2.55; (e normas de piedade) 2.59; (e santificação do trabalho) 3.3-4; (e vida ordinária) 1.10, 1.12, 1.18-19, 3.91; (chamada universal a ela) 1.2, 1.19, 3.12, 3.40, 3.91-92

SANTOS
3.73

SECULARIDADE
1.5, 3.30-31

SERENIDADE
2.15

SINCERIDADE
(com Deus) 2.34; (consigo mesmo) 2.35; (na luta ascética) 2.38, 2.40; (para se deixar ajudar espiritualmente) 2.40-41; (para perseverar na vocação) 2.42

TENTAÇÕES
2.20-21; 2.47

TRABALHO
(virtudes que entram em jogo) 3.4; (e santidade) 3.5-6; (serviço) 3.7, 3.26

UNIDADE
4.10, 4.19

UNIDADE DE VIDA
3.13-15, 3.34-35, 4.3

UNIVERSALIDADE
3.13, 4.15, 4.25

VERDADE
(defendê-la com amabilidade) 3.73-74, 4.12, 4.25;
(todo erro pode ter uma parte de verdade) 4.11;
(o ceticismo) 4.12

VIDA INTERIOR
(começar e recomeçar) 2.27; (e oração) 2.54; (o que fazer se existe escuridão interior) 2.16-17; (perante a aridez) 2.18; (tempos de bonança) 2.5

VIDA PÚBLICA
(missão dos cristãos) 3.40-41, 3.42, 3.46, 3.49; (nem laicismo nem clericalismo) 3.41; (afã de serviço e buscar o bem comum) 3.43; (liberdade e responsabilidade pessoal) 3.47-48;
(e orientações da Hierarquia eclesiástica) 3.50;
(o problema do partido único confessional) 3.53-55; (pluralismo) 3.56; (riscos da política sem espírito cristão) 3.57; (humildade no exercício da autoridade) 3.58-60; (retidão de intenção, desprendimento) 3.61

VIRGEM SANTÍSSIMA
2.62-63

VIRTUDES
1.14; 4.9

VOCAÇÃO
1.23, 3, 8-10; (exemplos no Evangelho) 3.10-11; (unidade) 3.11; (ao Opus Dei) 3.13, 3.85-86; (como agir perante uma crise) 2.22-23, 2.47

GLOSSÁRIO

de alguns termos e expressões usados por são Josemaria

Apontamentos íntimos: cadernos manuscritos nos quais Josemaria Escrivá anotou fatos e impressões pessoais, geralmente de caráter espiritual, nos primeiros anos da fundação do Opus Dei.

Barro nas asas: metáfora que expressa o peso e o entorpecimento espiritual que se percebe na alma por causa do pecado.

Correção fraterna: ensinada por Cristo (cf. Mt 18, 15), no Opus Dei trata-se de uma advertência afetuosa a outra pessoa, realizada a sós e com a máxima delicadeza, depois de verificar com o diretor competente, para corrigir um hábito ou uma falta externa, ou para ajudar a progredir em determinada virtude.

Costumes: refere-se ao conjunto de práticas de piedade dos membros do Opus Dei, complementares às *Normas* do *plano de vida*.

Demônio mudo: figura tomada do Evangelho (cf. Mt 9, 32-33; Mc 9, 24) para descrever um tipo de influência diabólica que leva a não dizer — na confissão ou na direção espiritual — algo que causa vergonha.

"Está predestinado, se persevera até o fim": refere-se à união com Deus que trazem a oração, os sacramentos e a

vida contemplativa, que dispõem a alma de modo insuperável para receber a salvação eterna.

"Doce Cristo na terra": expressão que aparece, com diversas variantes, sempre em relação ao Papa, nos escritos de Santa Catarina de Sena, de onde são Josemaria a toma.

Humildade de fachada: humildade falsa e afetada.

Grampos: arames que se usavam antigamente para consertar os objetos de cerâmica quebrados. Na pregação e nos escritos de São Josemaria, significam metaforicamente os remédios que Deus aplica para reparar os efeitos do pecado na alma.

Minutos heroicos: na linguagem ascética de São Josemaria, significam pequenos sacrifícios que ajudam na ordem e na eficácia do trabalho: a realização do que se deve fazer no momento em que se deve fazer, sem atrasos, sem preguiça.

Normas: as "Normas de piedade", as "Normas do plano de vida" ou, simplesmente, "as Normas" designam o conjunto de práticas de piedade que marcam a vida dos fiéis do Opus Dei (a Santa Missa, a oração mental, a recitação do Rosário, a leitura espiritual etc.), ajudando-os a manter um diálogo contínuo com Deus no meio de suas tarefas.

Plano de vida espiritual: conjunto de práticas de piedade (as *Normas*) e de costumes cristãos que se vivem para crescer no amor a Deus. A expressão pertence à tradição espiritual.

Primeiro literato de Castela: refere-se a Miguel de Cervantes (1547-1616).

GLOSSÁRIO

Queimar as naus: frase inspirada na vida de Hernán Cortés (1485-1547), a qual passou para a linguagem popular como exemplo proverbial de determinação para cumprir uma missão, renunciando de antemão a qualquer possibilidade de retirada.

"O segredo da gestação": ou seja, a situação embrionária em que se encontrava o Opus Dei nos seus primeiros momentos após a fundação.

Direção geral
Renata Ferlin Sugai

Direção editorial
Hugo Langone

Produção editorial
Juliana Amato
Gabriela Haeitmann
Ronaldo Vasconcelos
Roberto Martins

Capa
Gabriela Haeitmann

Diagramação
Sérgio Ramalho

ESTE LIVRO ACABOU DE SE IMPRIMIR
A 28 DE JANEIRO DE 2024,
EM PAPEL IVORY SLIM 65 g/m².